Mini Encyclopédie des

„ CITATIONS DU XXᵉ SIÈCLE "

A

ABANDONNER

Dans les affaires comme en amour, il y a un moment où l'on doit s'abandonner. *Remarques sur l'action*, Bernard Grasset

Vive qui m'abandonne, il me rend à moi-même.
Carnets, Henry de Montherlant

Un artiste ne finit jamais une œuvre, il l'abandonne seulement.
Variété, Paul Valéry

ABDIQUER

Dans la vie courante et neuf fois sur dix, écrire, c'est peut-être abdiquer. *L'Homme foudroyé*, Blaise Cendrars

ABSENCE

Tout autre, n'est qu'absence. *Poésies*, Paul Valéry

ABSOLU

Pour moi, l'absolu ce n'est pas Dieu, c'est le réel, une manière de prise immédiate et certaine.
La Petite Infante de Castille, Henry de Montherlant

En réalisant ses désirs, autrement dit, en se réalisant soi-même, l'homme réalise l'absolu.
La Petite Infante de Castille, Henry de Montherlant

ABSURDE – ABSURDITÉ

L'absurdité est surtout le divorce de l'homme et du monde.
L'Étranger, Albert Camus

L'absurde dépend autant de l'homme que du monde. Il est leur seul lien. *Le Mythe de Sisyphe*, Albert Camus

Le réel ne peut s'exprimer que par l'absurde.
Tel quel, Paul Valéry

ABUSER

Tout pouvoir abuse. Le pouvoir absolu abuse absolument.
Slogan de mai 68

ACHETER

Acheter est bien plus américain que penser. Andy Warhol

ACTES

Un être n'est pas de l'empire du langage, mais de celui de ses actes.
Pilote de guerre, Antoine de Saint-Exupéry

ACTEUR

Je conteste avoir dit que les acteurs sont du bétail. Ce que j'ai dit, c'est qu'il faut les traiter comme du bétail. Alfred Hitchcock

ACTRICES

Nous avions des actrices essayant de devenir des stars, maintenant nous avons des stars essayant de devenir des actrices.
Laurence Olivier

ACTION

Pensez comme un homme d'action, agissez comme un homme de réflexion. *Matière et mémoire*, Henri Bergson

L'action est consolatrice. Elle est l'ennemie de la pensée et l'amie des illusions. *Nostromo*, Joseph Conrad

Ne confondez pas action et agitation. Ernest Hemingway

Celui qui comprend et pardonne, où trouvera-t-il un mobile d'action ? *Le Zéro et l'Infini*, Arthur Koestler

Une mauvaise action ne meurt jamais. Bien au contraire, elle porte ses fruits avec une abondance progressive.
Petit Manuel du parfait aventurier, Pierre Mac Orlan

Le privilège du succès est, dans l'ordre de l'action, une marque de vérité.
Enquête sur la monarchie, Charles Maurras

Quelle que soit l'urgence de l'action, il nous est interdit d'oublier la vocation qui doit la commander.
Terre des hommes, Antoine de Saint-Exupéry

ACTIVITÉ

Dans toute activité, une liberté se découvre.
La Force de l'âge, Simone de Beauvoir

Il est souvent préférable d'être actif, plutôt que de penser trop intensément.
Mrs. Parkinson, Louis Bromfield

L'activité artistique ne peut être que contraire à la morale, à la raison, à la famille.
Le roi est nu, Alberto Moravia

ADHÉSION

Pour soulever le fardeau, quel formidable levier que l'adhésion du peuple.
Mémoires de guerre, Charles de Gaulle

ADIEUX

Prolonger les adieux ne vaut jamais grand-chose. Ce n'est pas la présence que l'on prolonge, c'est le départ.
Le Sapin et le Palmier, G.V. Bibesco

ADJECTIF

La publicité a mis fin au pouvoir des adjectifs les plus puissants.
Tel quel, Paul Valéry

ADMETTRE

N'admettez rien a priori, si vous ne pouvez le vérifier.
Souvenirs, Rudyard Kipling

ADOLESCENCE

L'adolescence est le seul temps où l'on ait appris quelque chose.
Du côté de chez Swann, Marcel Proust

ADVERSAIRE

L'adversaire est, comme quiconque, un hôte de l'esprit.
Albert Schweitzer

Le grand triomphe de l'adversaire est de vous faire croire ce qu'il dit de vous. *Mauvaises Pensées et autres*, Paul Valéry

ADULTE

Qu'est-ce qu'un adulte ? Un enfant gonflé d'âge.
La Femme rompue, Simone de Beauvoir

Être adulte, c'est être seul. *Pensées d'un biologiste*, Jean Rostand

Ô Dieu, si tu veux que jamais une femme n'élève la voix, crée enfin un homme adulte. *Sodome et Gomorrhe*, Jean Giraudoux

AFFABULATION

Le besoin d'affabuler, c'est toujours un enfant qui refuse de grandir. *Pseudo*, Émile Ajar (Romain Gary)

ÂGE

Faire attention à son âge est le signe même du vieillissement.
Leçons particulières, Françoise Giroud

Grand âge, nous voici. Prenez mesure du cœur d'homme.
Chronique, Saint-John Perse

AGIR

Délibérer est le fait de plusieurs. Agir est le fait d'un seul.
Mémoires de guerre, Charles de Gaulle

Agir est autre chose que parler, même avec éloquence, et que penser, même avec ingéniosité.
A la recherche du temps perdu, Marcel Proust

AGNOSTICISME

L'agnosticisme n'est pas nouveau. Ce qui est nouveau, c'est la culture agnostique. *Les Voix du silence*, André Malraux

AIMER

On ne s'aime jamais comme dans les histoires, tout nus et pour toujours. S'aimer, c'est lutter constamment contre des milliers de forces cachées, qui viennent de vous et du monde.
L'Hermine, Jean Anouilh

Aimer, c'est s'augmenter en s'oubliant.
Savoir aimer, Abel Bonnard

Aimer, c'est savoir joindre à un tempérament de vampire la discrétion d'une anémone.
Syllogismes de l'amertume, E.M. Cioran

Ne te courbe que pour aimer. Si tu meurs, tu aimes encore.
Fureur et mystère, René Char

Si tu m'aimais et si je t'aimais, comme je t'aimerais.
Toi et moi, Paul Géraldy

Et comme au fond de soi-même
On s'aime beaucoup
Quand quelqu'un vous aime, on l'aime
Par conformité de goût. *Toi et moi*, Paul Géraldy

Chaque jour, je t'aime davantage,
Aujourd'hui plus qu'hier et bien moins que demain.
Les Pipeaux, Rosemonde Gérard

Je puis regretter d'avoir menti, d'être la cause de ruines et de souffrances, mais je ne pourrai me repentir d'avoir aimé.
Le Fond du problème, Graham Greene

Savoir aimer, ce n'est pas aimer. Aimer, c'est ne pas savoir.
Algèbre des valeurs morales, Marcel Jouhandeau

Aimer, c'est préférer quelqu'un d'autre à soi-même.

Journal littéraire, Paul Léautaud

Vous n'aimez pas une femme pour ce qu'elle dit, mais vous aimez ce qu'elle dit parce que vous l'aimez.

Le Cercle de famille, André Maurois

Aimer est un mauvais sort, comme ceux qui existent dans les contes, contre quoi on ne peut rien, jusqu'à ce que l'enchantement ait cessé.

Le Temps retrouvé, Marcel Proust

Aimer, ce n'est pas seulement « aimer bien », c'est surtout comprendre.

Françoise Sagan

Aimer, ce n'est pas se regarder l'un l'autre, c'est regarder ensemble dans la même direction.

Terre des hommes, Antoine de Saint-Exupéry

ALIMENT

Dieu a fait l'aliment, le diable l'assaisonnement.

Ulysse, James Joyce

ALLEMAGNE

Le mot France et le mot Allemagne ne sont à peu près plus des expressions géographiques, ce sont des termes moraux.

Siegfried et le Limousin, Jean Giraudoux

L'Allemagne n'est pas une entreprise sociale et humaine, c'est une conjuration romantique et démoniaque.

Siegfried et le Limousin, Jean Giraudoux

La France, éternel recours de l'Allemagne en désarroi.

Jean-Christophe, Romain Rolland

ALLIÉ

Allié. Celui qui a besoin de vous.

Lexique encyclopédique, Léo Campion

ALLUMETTES

L'honneur, c'est comme les allumettes, ça ne sert qu'une fois.

Marius, Marcel Pagnol

ALPHABÉTISATION

Le plus grand drame de l'humanité, c'est l'alphabétisation.

Entretiens, Jorge Luis Borges

ALTERNANCE

L'alternance est l'oxygène de la démocratie.

Interview, 1989, François Mitterrand

AMANT

Tu aimeras le prochain, comme toi-même.   Philippe Bouvard

Nous croyons être leur amant. Nous ne sommes que leur complice.

Histoire de rire, Armand Salacrou

AMBITION

Je sais quelle gêne un homme qui n'a nulle ambition peut causer dans la société.   *Le Maître de Santiago*, Henry de Montherlant

L'ambition, c'est la richesse du pauvre.

La Gloire de mon père, Marcel Pagnol

AMBULANCE

On ne tire pas sur une ambulance.   Françoise Giroud

ÂME

La structure de l'âme humaine est ainsi faite qu'elle ne saurait se passer d'interdit, ni se constituer sans lui.

Dimension de la conscience historique, Raymond Aron

L'âme, la partie la plus lasse du corps.

Un thé au Sahara, Paul Bowles

L'âme, c'est la vanité et le plaisir du corps, tant qu'il est bien portant, mais c'est aussi l'envie d'en sortir, dès qu'il est malade ou que les choses tournent mal.

Voyage au bout de la nuit, Louis-Ferdinand Céline

Tout ne va pas bien dans le mélange d'Animus et d'Anima, l'esprit et l'âme. *Positions et propositions*, Paul Claudel

Dans la nuit noire de l'âme, il est toujours trois heures du matin.

Francis Scott Fitzgerald

Je ne crois pas à l'âme humaine, substantielle et immortelle. Je ne crois pas que la matière s'oppose à l'esprit.

Jean Barois, Roger Martin du Gard

Sous les couches épaisses de nos actes, notre âme d'enfant reste inchangée. L'âme échappe au temps.

La Fin de la vérité, François Mauriac

L'âme ne se surpasse qu'en connaissance. La connaissance ne se surpasse qu'en amour. *Le Voyage du condottiere*, André Suarès

On s'aperçoit qu'on a un estomac bien avant de se douter qu'on a une âme. *Le Gant de crin*, Pierre Reverdy

AMÉRIQUE

L'Europe est le négatif inachevé dont l'Amérique est l'épreuve.

Amérique la Belle, Mary MacCarthy

Intellectuellement, je sais que l'Amérique n'est pas un pays meilleur qu'un autre, mais, émotionnellement, je crois qu'il est meilleur que tout autre. Sinclair Lewis

AMERTUME

L'amertume vient presque toujours de ne pas recevoir un peu plus que ce que l'on donne. *Tel quel*, Paul Valéry

AMI

Le diable, c'est l'ami qui ne reste jamais jusqu'au bout.

Monsieur Ouine, Georges Bernanos

Ce que nous aimons dans nos amis, c'est le cas qu'ils font de nous.
Deux Amateurs de femmes, Tristan Bernard

Mon père avait un de ses amis anglais qui commençait par éviter toute intimité et qui finalement éliminait toute conversation.
Thor, Uqbar, Orbis, Tertius, Jorge Luis Borges

Je ne lui fais pas confiance. Nous sommes amis.
Mère Courage et ses enfants, Bertolt Brecht

Il n'y a pas de plaisir comparable à celui de rencontrer un vieil ami, excepté peut-être celui d'en faire un nouveau.
Un beau dimanche anglais, Rudyard Kipling

Un ami, c'est quelqu'un sur qui nous pouvons compter pour compter sur nous. *Portrait d'un menteur*, François Perier

AMITIÉ

Une amitié fondée sur les affaires vaut mieux qu'une affaire fondée sur l'amitié. John D. Rockefeller

AMOUR

Je sais de quelles petitesses meurent les plus grandes amours.
L'Hermine, Jean Anouilh

L'amour, c'est beaucoup plus que l'amour.
Pensées, Jacques Chardonne

On ne saurait médire sans injustice d'un sentiment qui a survécu au romantisme et au bidet.
Syllogismes de l'amertume, E.M. Cioran

Le plus beau moment de l'amour, c'est quand on monte l'escalier.
Les Plus Forts, Georges Clemenceau

L'amour ! Ce n'est pas un sentiment honorable. *Sido*, Colette

L'amour, c'est une onde de bonheur en cours de matérialisation.
San Antonio, Frédéric Dard

Aucun amour au monde ne peut tenir lieu de l'amour.

Les Petits Chevaux de Tarquinia, Marguerite Duras

Ce qu'il y a de plus triste dans l'amour, c'est que non seulement l'amour ne peut durer toujours, mais que les désespoirs qu'il cause sont vite oubliés. *Monnaie de singe*, William Faulkner

Peut-être est-il juste de mettre l'amour dans les livres. Peut-être ne vit-il pas ailleurs. William Faulkner

Dès que vous ne pouvez pas avoir tout d'une femme, vous l'aimez.

Paul Géraldy

L'amour n'est qu'une forme de conversation où les mots sont mis en action au lieu d'être parlés.

L'Amant de lady Chatterley, D.H. Lawrence

L'amour ! Alors on aime un appareil respiratoire, un tube digestif, des intestins, des organes d'évacuation, un nez qu'on mouche, une bouche qui mange, une odeur corporelle ? Si on pensait à cela, comme on serait moins fou.

Passe-temps, Paul Léautaud

L'amour qui dure le plus longtemps est l'amour auquel il n'est pas répondu. *Pensées*, Somerset Maugham

L'amour, c'est ce qui se passe entre un homme et une femme qui ne se connaissent pas. *Pensées*, Somerset Maugham

L'amour est aussi une affection de la peau.

Ouvert la nuit, Paul Morand

L'amour, c'est le drame et l'accomplissement de l'unification.

Le Monde du sexe, Henry Miller

Il n'est rien de réel, que le rêve et l'amour.

Le Cœur innombrable, Anna de Noailles

En amour, il est plus facile de renoncer à un sentiment que de perdre une habitude. *La Prisonnière*, Marcel Proust

C'est un mot vague, surtout en français. On aime les femmes, ses enfants, rouler en voiture, jouer au bridge, que sais-je ?

Georges Simenon

C'est le contact en tout, physiquement et spirituellement. C'est de penser ensemble aux mêmes choses, de ressentir les mêmes émotions devant un spectacle. C'est chercher dans les yeux de l'autre le reflet de cette émotion.   Georges Simenon

Amour, aimer, c'est imiter.   *Mélange*, Paul Valéry

L'amour est un châtiment. Nous sommes punis de n'avoir pu rester seul.   *Feux*, Marguerite Yourcenar

AMOUR-PROPRE

On blesse l'amour-propre, on ne le tue pas.

Carnets, Henry de Montherlant

C'est une bête curieuse qui peut dormir sous les coups les plus cruels et puis s'éveiller, blessée à mort, par une simple égratignure.

La Belle Romaine, Alberto Moravia

ANCÊTRES

En matière de révolte, aucun de nous ne doit avoir d'ancêtres.

Manifeste du surréalisme, André Breton

ANÉANTISSEMENT

Ne cherche pas la voie de l'anéantissement. Il te trouvera. Cherche la voie qui le transforme en accomplissement.

Jalons, Dag Hammarskjöld

ANGLAIS

C'est drôle, quand même, comme dégaine, c'est mi-curé, mi-garçonnet.   *Mort à crédit*, Louis-Ferdinand Céline

Un Anglais fait les choses parce qu'elles ont déjà été faites, un Américain parce qu'elles n'ont pas été faites.

Carnets, Mark Twain

ANGLETERRE

Si vous voulez bien manger en Angleterre, prenez trois petits déjeuners.
Pensées, Somerset Maugham

Dans toutes ses guerres, l'Angleterre gagne toujours une bataille, la dernière.
Elefthérios Venizélos

La véritable Angleterre c'est Shakespeare et les shakespeariens. Tout ce qui précède n'est que préparation, tout ce qui suit n'est qu'une contrefaçon boiteuse de cet élan original et hardi vers l'infini.
La Confusion des sentiments, Stefan Zweig

ANGOISSE

L'angoisse est la disposition fondamentale qui nous place face au néant.
De l'essence à la vérité, Martin Heidegger

L'angoisse n'est pas essentiellement angoisse devant la mort, mais angoisse devant la liberté.
L'Être et le Néant, Jean-Paul Sartre

ANIMAL

Chaque animal n'est qu'un paquet de joie.
Les Nouvelles Nourritures, André Gide

Tous les animaux sont égaux, mais certains sont plus égaux que d'autres.
La Ferme des animaux, George Orwell

L'animal fait « un » avec la nature. L'homme fait « deux ». Pour passer de l'inconscience passive à la conscience interrogative, il a fallu cet arrachement. Animal avant arrachement, homme après lui ?
Les Animaux dénaturés, Vercors

APÉRITIF

L'apéritif, c'est la prière du soir des Français.
Ouvert la nuit, Paul Morand

APHRODISIAQUE

Mesure de redressement. *Lexique encyclopédique*, Léo Campion

APPLAUDISSEMENTS

Si quelqu'un accepte les applaudissements de ceux qui aiment ce qu'il fait, il doit accepter aussi les sifflements de ceux qui ne l'aiment pas.

Leopold Stokowski

APPRENDRE

On apprend plus par ce que les gens disent entre eux ou par ce qu'ils sous-entendent qu'en leur posant bien des questions.

Souvenirs, Rudyard Kipling

J'ai appris à apprendre.
Le Tiers instruit, Michel Serres

N'apprends qu'une chose, le doute.
Bernard Shaw

ARCHITECTURE

Nous façonnons nos édifices, qui nous façonnent après nous-mêmes.

Winston Churchill

ARGOT

Tout argot est métaphore, toute métaphore est poésie.

Défense de l'argot, G.K. Chesterton

ARGENT

La Corrèze passe avant le Zambèze.
Le Petit Train de la brousse, Philippe de Baleine

L'argent en plus des valeurs a deux sens contraires. Il est vivement condamné puis réhabilité par réaction contre les moralismes qui lui sont opposés : le marxisme, le christianisme et le freudien.

Roland Barthes par Roland Barthes

L'argent, c'est comme les femmes, il faut s'en occuper un peu, sinon il va faire le bonheur de quelqu'un d'autre.

Les Temps difficiles, Édouard Bourdet

Nous ne pensons qu'à l'argent. Celui qui en a pense au sien, celui qui n'en a pas pense à celui des autres.

Jusqu'à nouvel ordre, Sacha Guitry

L'argent est semblable à un sixième sens, sans lequel vous ne pouvez pas faire un usage complet des cinq autres.

Esclavage humain, Somerset Maugham

C'est déjà bien ennuyeux de ne pas avoir d'argent, s'il fallait en plus s'en priver... *Lewis et Irène*, Paul Morand

Le manque d'argent est la source de tous les maux.

Bréviaire du révolutionnaire, Bernard Shaw

ARMÉE

Le peuple est comme l'eau, l'armée comme un poisson.

Citations du président Mao Tsé-toung

Ayez l'armée de votre politique ou la politique de votre armée.

Discours à la Chambre, 1939, Paul Reynaud

ART

Il n'y a qu'une chose valable dans l'art : l'inexplicable.

Le Jour et la Nuit, Georges Braque

Une conception très étroite de l'imitation, donnée pour but à l'art, est à l'origine du grave malentendu que nous voyons se perpétuer jusqu'à nos jours. *Manifeste du surréalisme*, André Breton

L'art n'est pas un passe-temps, mais une vocation.

La Difficulté d'être, Jean Cocteau

L'art commence à la résistance, à la résistance vaincue.

Poétique, André Gide

La seule réalisation impérissable du travail et de l'énergie humaine, c'est l'art. *Mein Kampf*, Adolf Hitler

L'art est un jeu. Tant pis pour celui qui s'en fait un devoir.

Conseils à un jeune poète, Max Jacob

Tout art est une révolte contre le destin de l'Homme.

Les Voix du silence, André Malraux

L'art ne constitue pas une puissance, il n'est qu'une consolation.
L'Artiste et la Société, Thomas Mann

Où apparaît l'art, la vie disparaît.
Râteliers platoniques, Francis Picabia

L'art enlève la poussière de tous les jours.   Pablo Picasso

Tout l'intérêt de l'art est dans le commencement.   Pablo Picasso

L'art venge la vie.   *Ce soir on improvise*, Luigi Pirandello

La fonction de l'art n'est jamais d'illustrer une vérité, mais de mettre au monde des interrogations et aussi peut-être, à terme, des réponses qui ne se connaissent pas encore elles-mêmes.
Pour un nouveau roman, Alain Robbe-Grillet

ARTISTE

Un artiste voit ce qui n'existe pas ou ce qui n'a pas existé en réalité.   *Un écrivain dans la révolution*, Ilia Ehrenbourg

L'artiste contient l'intellectuel. La réciproque est rarement vraie.
Sous la lampe, Léon-Paul Fargue

C'est au moment où l'on triche pour le beau que l'on est artiste.
Art poétique, Max Jacob

L'artiste est toujours seul, s'il est un artiste.
La Crucifixion en rose, Henry Miller

ASSASSINAT

L'assassinat est la forme la plus extrême de la censure.
Maximes pour révolutionnaires, Bernard Shaw

ASTRES

Si les astres étaient immobiles, le temps et l'espace n'existeraient plus.   *La Grande Loi*, Maurice Maeterlinck

ATHÉE

Un athée est un homme châtié du côté de l'âme.
Monsieur Godeau intime, Marcel Jouhandeau

AUDACE

Il y a plus d'esprit dans l'audace que dans la hardiesse, et l'audace est plutôt une qualité de chef. *Définitions*, Alain

AUTEUR

Un grand auteur dramatique est un type qui n'écrit pas que de mauvaises pièces. *Lexique*, Marcel Achard

Un auteur n'existe que lorsque tous ceux qui le souhaitent peuvent le lire indépendamment de leur formation ou de leurs privilèges. *Une mémoire allemande*, Heinrich Böll

Le secret pour écrire une pièce de théâtre tient en deux points : s'en tenir au sujet et couper chaque fois que vous pouvez couper. *Pensées*, Somerset Maugham

AVANT-GARDE

L'avant-garde n'a jamais été menacée que par une seule force : la conscience politique. *Essais critiques*, Roland Barthes

L'homme d'avant-garde est comme l'ennemi à l'intérieur même de la cité qu'il s'acharne à disloquer, car, tout comme un régime, une forme d'expression établie est aussi une forme d'oppression. *Notes et contre-notes*, Eugène Ionesco

AVARICE

L'avarice, c'est un péché qui rapporte. *Les Sept Péchés capitaux*, Paul Morand

AVENTURE

L'aventure n'existe pas. Elle est dans l'esprit de celui qui la poursuit. *Petit Manuel du parfait aventurier*, Pierre Mac Orlan

AVION

L'avion n'est pas un but, mais un outil comme la charrue. *Terre des hommes*, Antoine de Saint-Exupéry

AVOIR

On les aura. *1916-ordre du jour*, Philippe Pétain

B

BAISER

Quand on donne un baiser à quelqu'un, c'est qu'on avait envie d'être embrassé soi-même. *Les Femmes et l'Amour*, Sacha Guitry

Un baiser, mais à tout prendre, qu'est-ce ?
Un serment fait d'un peu plus près, une promesse
Plus précise,
un aveu qui veut se confirmer,
Un point rose qu'on met sur l'i du verbe aimer ;
C'est un secret qui prend la bouche pour oreille,
Un instant d'infini, qui fait un bruit d'abeille,
Une façon d'un peu se respirer le cœur.....
Cyrano de Bergerac, Edmond Rostand

Il y a toujours quelqu'un qui embrasse et quelqu'un qui permet le baiser. Bernard Shaw

BAISEMAIN

Je suis en faveur du maintien de l'habitude française du baise-main, après tout il faut bien commencer quelque part.
Sacha Guitry

BANALITÉ

Je crois que la banalité est très anormale.
Une affaire d'identité, Arthur Conan Doyle

BANQUE

Les banques, je les ferme ; les banquiers, je les enferme.
Déclaration en 1936 du ministre des Finances, Vincent Auriol

C'est par l'atelier qu'il faut financer une entreprise industrielle, non par une banque. *Ma vie, mon œuvre*, Henry Ford

BARRICADE

Ferme la rue, ouvre la voie.

Slogan de mai 68

Le vieil atavisme des révolutions parisiennes fit surgir une barricade.

Jean-Christophe, Romain Rolland

BEAU/BEAUTÉ

Aucun possible n'est beau, le réel seul est beau.

Système des beaux-arts, Alain

En maintenant la beauté, nous préparons, ce jour, la renaissance où la civilisation mettra au centre de sa réflexion cette vertu vivante qui fonde la dignité de l'homme et du monde.

L'Homme révolté, Albert Camus

La beauté est asymétrique.

Essai de critique indirecte, Jean Cocteau

La beauté, c'est quelque chose de rare, de merveilleux, que l'artiste extrait du chaos universel. Et quand elle est créée il n'est pas donné à tous de la voir.

L'Envoûté, Somerset Maugham

Il est assez évident que le beau n'existe pas hors de l'esprit humain. Ce qui est moins évident, c'est que la beauté naît et meurt continuellement, à mesure que des générations se succèdent à leurs devancières.

Le Belvédère, André Pieyre de Mandiargues

La beauté... partie de complément qu'ajoute, à une passante fragmentaire et fugitive, notre imagination surexcitée par le regret.

A l'ombre des jeunes filles en fleurs, Marcel Proust

C'est le caractère qui fait la beauté.

Le Voyage du condottiere, André Suarès

La beauté, c'est l'harmonie du hasard et du bien.

La Pesanteur et la Grâce, Simone Weil

BERCEAU

Le berceau est moins profond que la tombe.

Monsieur Ouine, Georges Bernanos

BESOINS

Nos besoins sont limités mais nos désirs sont innombrables.

Maximes pour révolutionnaires, Bernard Shaw

BÊTE

Être à la fois, ou plutôt alternativement, en soi la Bête et l'Ange, la vie corporelle, charnelle et la vie intellectuelle, morale, que l'homme le veuille ou non, la nature l'y forcera.

Aux fontaines du désir, Henry de Montherlant

BÊTISE

De l'enfance je dirai peu, car elle ne fut que bêtise.

Histoire de mes pensées, Alain

Quand la haine des hommes ne comporte aucun risque, leur bêtise est vite convaincue, les motifs viennent tout seuls.

Voyage au bout de la nuit, Louis-Ferdinand Céline

L'humanité serait depuis longtemps heureuse, si tout le génie que les hommes mettent à réparer leurs bêtises, ils l'employaient à ne pas les commettre.

Maximes pour révolutionnaires, Bernard Shaw

La bêtise n'est pas mon fort.

Monsieur Teste, Paul Valéry

BIBLE

La Bible contient, pour chacun de nous, un message chiffré. Le chiffre, c'est la foi qui nous le donne.

Journal, Julien Green

Aucun homme public ne croit que la Bible veut dire ce qu'elle veut dire mais il est toujours convaincu qu'elle dit ce qu'il veut dire.

Maximes pour révolutionnaires, Bernard Shaw

BIEN

Rien n'est gratuit dans ce monde. Tout s'expie. Le bien comme le mal se paie, tôt ou tard. Le bien c'est forcément plus cher.

Semmelweis, Louis-Ferdinand Céline

Nos manques nous servent presque autant que nos biens.

Changer la vie, Jean Guéhenno

Le bien est dans le bon usage que l'on fait de n'importe quoi.
Éléments pour une éthique, Marcel Jouhandeau

Le bien et le mal sont des distinctions arbitraires.
Jean Barois, Roger Martin du Gard

Je ferai le bien, c'est encore le meilleur moyen d'être seul.
Le Diable et le bon Dieu, Jean-Paul Sartre

Il faut plaindre les riches, leurs biens les environnent mais ne les pénètrent pas.   *Le Crime de Sylvestre Bonnard*, Anatole France

BIOLOGISTE

Le biologiste passe, la grenouille reste.
Pensées d'un biologiste, Jean Rostand

BLESSURES

Ces blessures qu'un seul être au monde, celui qui les a faites, pourrait guérir...   *Le Désert de l'amour*, François Mauriac

BONAPARTE/BONAPARTISME

Les Bonaparte, c'est tout de même un clan qui se remplit les poches, se distribue les couronnes et qui, en 1851, s'attable pour le deuxième service.   *Bloc-notes*, François Mauriac

Il existe, dans notre pays, une solide permanence de bonapartisme où se rencontrent la vocation de la grandeur nationale, la tradition monarchique et la passion de l'unité nationale, tradition jacobine.
Le Coup d'État permanent, François Mitterrand

BONHEUR

Il ne faut pas croire exagérément au bonheur. On ne se ménage que des déceptions.   *Eurydice*, Jean Anouilh

C'est plein de disputes, un bonheur.   *Antigone*, Jean Anouilh

Les gens ne connaissent pas leur bonheur mais celui des autres ne leur échappe jamais.   *Un certain Monsieur Blot*, Pierre Daninos

Il ne faut pas de tout pour faire un monde, il faut du bonheur et rien d'autre. *Intimes*, Paul Eluard

Ne distingue pas Dieu du bonheur et place ton bonheur dans l'instant. *Les Nourritures terrestres*, André Gide

Rien n'empêche le bonheur comme le souvenir du bonheur. *L'Immoraliste*, André Gide

Le bonheur est exigeant, comme une épouse légitime. *L'École des indifférents*, Jean Giraudoux

Le bonheur est une aptitude. *Réflexions sur le bonheur*, Bernard Grasset

Le bonheur comme la richesse a ses parasites. *Promenades philosophiques*, Remy de Gourmont

Le bonheur, c'est quelque chose qu'on obtient, comme un sous-produit d'autre chose. *Contrepoint*, Aldous Huxley

Du moment que le bonheur c'est vivre, on doit le trouver aussi bien dans la douleur que dans le plaisir et parfois jusque dans l'ennui. *Réflexions sur la vie et le bonheur*, Marcel Jouhandeau

Le bonheur, je ne pourrai l'avoir que si je réussis à soulever le monde, pour le faire entrer dans le vrai, le pur, l'immuable. *Journal*, Franz Kafka

Le bonheur, c'est savoir ce que l'on veut et le vouloir passionnément. Félicien Marceau

Plus on est heureux, moins on prête attention au bonheur. *Le Mépris*, Alberto Moravia

La morale est le contraire du bonheur. *Jésus-Christ Rastaquouère*, Francis Picabia

Le bonheur est, dans l'amour, un état anormal. *A l'ombre des jeunes filles en fleurs*, Marcel Proust

Il n'y a pas de bonheur intelligent.

Pensées d'un biologiste, Jean Rostand

Le bonheur est de connaître ses limites et de les aimer.

Jean-Christophe, Romain Rolland

Manquer des choses que vous désirez est une part indispensable du bonheur. *La Conquête du bonheur*, Bertrand Russell

Pour moi, le bonheur est d'abord d'être bien.   Françoise Sagan

Nous n'avons pas plus de droit de consommer du bonheur sans en produire que de consommer des richesses sans en produire.

Bernard Shaw

Par le mythe vulgaire du bonheur, on peut faire des hommes à peu près ce que l'on veut et tout ce que l'on veut des femmes.

Mélange, Paul Valéry

Le bonheur n'est jamais qu'en face.

Dernières Nouvelles de l'homme, Alexandre Vialatte

Ce qui m'intéresse, ce n'est pas le bonheur de tous les hommes, c'est le bonheur de chacun.   *L'Écume des jours*, Boris Vian

BON SENS

Je ne sais pas pourquoi les hommes de religion n'attribuent jamais de bons sens à Dieu.   *Pensées*, Somerset Maugham

BONTÉ

Je continue à croire en la bonté innée de l'homme.

Journal, Anne Frank

BORDEL

Chacun possède ses raisons pour s'évader de sa misère intime. Heureux ceux à qui le bordel suffit.

Voyage au bout de la nuit, Louis-Ferdinand Céline

BOUILLABAISSE

La bouillabaisse, c'est du poisson avec du soleil.

Pensées, Alfred Capus

BOURGEOIS

La France est une nation de bourgeois qui se défendent de l'être et attaquent les autres parce qu'ils le sont.

Les Carnets du major Thompson, Pierre Daninos

Le poète se saisit de l'ascendance bourgeoise qui le ligote et il en tire des types. Il se paie sur la bête.

Mémoires intérieurs, François Mauriac

Les bourgeois, ce sont les autres.

Journal, Jules Renard

BOURREAU

Le bourreau et le souverain forment couple. Ils assurent de concert la cohésion de la société.

Instincts et société, Roger Caillois

BOURSE

La Bourse, j'en ai rien à cirer.

Mai 1991, Édith Cresson

BOUSE

La bouse de vache est plus utile que les dogmes. On peut en faire des engrais.

Citations du président Mao Tsé-toung

BRAS

On les a dans les bras et puis un jour on les a sur les bras.

Elles et toi, Sacha Guitry

BRIDGE

Avoir appris à bien jouer au bridge est la meilleure assurance contre l'ennui des vieux jours.

Pensées, Somerset Maugham

BRUTE

La vérité, c'est qu'on ne peut pas faire de grandes choses sans être une brute.

Le Cercle de famille, André Maurois

BUT

Il est trop certain que la vie n'a pas de but, et que l'homme a pourtant besoin de poursuivre un rêve.

Le Voyage de Sparte, Maurice Barrès

Chaque fois que vous avez un but, il faut sacrifier un peu de liberté pour l'atteindre.

Pensées, Somerset Maugham

C

CADAVRE

On ne peut transporter partout le cadavre de son père.
Méditations esthétiques, Guillaume Apollinaire

CALOMNIE

Si ceux qui disent du mal de moi savaient ce que je pense d'eux,
ils en diraient bien davantage.
Toutes réflexions faites, Sacha Guitry

La calomnie ne peut être une force que si elle correspond à un
besoin historique. *Ma vie*, Léon Trotski

CAPITALISME

La suprématie des Occidentaux tient, en dernière analyse, au
capitalisme, c'est-à-dire à la lente accumulation de l'épargne. C'est
l'absence de capitaux qui rend les peuples sujets.
La Richesse de la France, Jacques Bainville

Le vice inhérent au capitalisme est le partage non équitable des
richesses. Le vice inhérent au socialisme est le partage équitable
de la misère. Winston Churchill

Sous le capitalisme, les gens ont plus de voitures. Sous le communisme, ils ont plus de parkings. Winston Churchill

Quand le capitalisme échoue, c'est évidemment la faute du capitalisme. Quand le socialisme échoue, c'est également la faute du
capitalisme. *Le Président*, Franz-Olivier Giesbert

CARACTÈRE

Le caractère est la vertu des temps difficiles.
Au fil de l'épée, Charles de Gaulle

CARESSER

Caresser est plus merveilleux que se souvenir.
La Marge, André Pieyre de Mandiargues

CARICATURES

Il est incontestable que les individus s'identifient aux caricatures qu'on fait d'eux.
Sacha Guitry

CÉLIBATAIRE

L'avantage d'être célibataire, c'est que lorsqu'on se trouve devant une très jolie femme, on n'a pas à se chagriner d'en avoir une laide chez soi.
Journal, Paul Léautaud

CHANCE

On doit croire en sa chance, sinon comment expliquer le succès de ceux qu'on n'aime pas.
Le Coq et l'Arlequin, Jean Cocteau

C'est la caractéristique d'hommes inexpérimentés de ne pas croire en la chance.
Des souvenirs, Joseph Conrad

CHANGER

Tout passe son temps à changer. Chaque génération successive s'imagine, bien à tort, être parvenue au faîte et qu'elle entre dans l'âge où les choses ne bougeront plus.
Jean d'Ormesson

Pour moi, changer de préoccupations est aussi bon que des vacances.
David Lloyd George

CHARME

Le charme est une façon de se faire approuver, sans poser de questions claires.
Albert Camus

CHASSE

Quand un homme désire tuer un tigre, il appelle cela sport ; quand un tigre désire le tuer, il appelle cela férocité.

Maximes pour révolutionnaires, Bernard Shaw

CHASTETÉ

La chasteté est la moins naturelle des perversions sexuelles.

Aldous Huxley

CHAT

Je préfère les chats aux chiens, parce qu'il n'y a pas de chats policiers.

Jean Cocteau

Qu'importe que les chats soient noirs ou blancs, l'important c'est qu'ils attrapent des souris.

Deng Xiaoping

CHÂTIMENT

Le châtiment est passé d'un art de sensations insupportables à une économie des droits suspendus.

Surveiller et punir, Michel Foucault

CHATOUILLER

Est-ce que ça vous chatouille ou est-ce que ça vous gratouille ?

Knock, Jules Romains

CHERCHER

Je ne cherche pas, je trouve.

Pablo Picasso

CHEVEUX

Quand on n'a plus de cheveux, on trouve les cheveux longs ridicules.

Journal, Paul Léautaud

CHOISIR

Quand les hommes ne choisissent pas, les événements choisissent pour eux.

De la IVe à la Ve République, Raymond Aron

Imaginer c'est choisir.

Noé, Jean Giono

Chaque fois qu'il s'agira d'un choix fondamental, j'indiquerai quel est, selon moi, le bon choix pour la France.

Valéry Giscard d'Estaing

CHOSE

Toute chose est autre qu'elle-même et par exemple son contraire.

Clefs de la poésie, Jean Paulhan

CHRÉTIEN

Chacun voudrait vivre en païen, pourvu que les autres vivent en chrétiens.

Actuelles, Albert Camus

Il n'y a pas de chrétien plus féroce que le chrétien incrédule, celui qui, ayant rejeté tout dogme, a gardé toute la morale.

Réflexions sur la vie, Remy de Gourmont

Le chrétien est posthume, sa gloire est dans les cieux. Pour l'israélite, au contraire, la bénédiction est de ce monde, l'échec aurait plutôt tendance à être une présomption de quelque malédiction.

Dernières Nouvelles de l'homme, Alexandre Vialatte

CHRIST

Et le Christ ? C'est un anarchiste qui a réussi. C'est le seul.

L'Espoir, André Malraux

CHRISTIANISME

Le christianisme a beaucoup fait pour l'amour en en faisant un péché.

Le Jardin d'Épicure, Anatole France

Rien ne ressemble moins que le christianisme à un système d'explication pour colmater les brèches de la métaphysique et couvrir les dissonances de l'expérience. Il est un principe de vie et s'il est aussi un principe de vérité, il l'est dans la vie qu'il communique.

L'Affrontement chrétien, Emmanuel Mounier

Le christianisme est une religion exotique au pays du riz et du vin de palme, puisque c'est la religion du pain et du vin de vigne.

Paul Valéry

CHRYSANTHÈMES

Qui a jamais cru que le général de Gaulle, étant appelé à la barre, devrait se contenter d'inaugurer des chrysanthèmes.

Charles de Gaulle

CINÉMA

Le cinéma, c'est une industrie, mais malheureusement c'est aussi un art.　　　　　*Le Scénario*, Jean Anouilh

Un cinéaste doit être le baromètre de son temps. On n'accuse pas un baromètre d'annoncer l'orage.　　　　　Marcel Carné

Le cinéma, prothèse des inactifs, nous a permis de vivre à peu près comme des gens normaux.

Le Rendez-vous manqué, Régis Debray

CIVILISATION

La civilisation a pour but non pas le progrès de la science et des machines, mais celui de l'homme.

L'Homme, cet inconnu, Alexis Carrel

C'est au tréfonds du monde intérieur que s'élèvent et s'écroulent les civilisations.　　　*L'Homme, cet inconnu*, Alexis Carrel

Toute civilisation a paru décrépitude et folie à ses contemporains.
L'amour c'est beaucoup plus que l'amour, Jacques Chardonne

La civilisation signifie une société reposant sur l'opinion publique.

Winston Churchill

J'ai vu la science, que j'avais adorée, détruire la civilisation. Je comprends maintenant que la vérité spirituelle est plus nécessaire aux nations que le mortier qui soutient les murs de leurs cités.

Charles Lindbergh

La civilisation est une maladie produite par la pratique de bâtir des sociétés avec des matériaux pourris.

Bréviaire du révolutionnaire, Bernard Shaw

Nous autres, civilisations, nous savons maintenant que nous sommes mortelles.   *Variété*, Paul Valéry

CLARTÉ

La clarté, cette sainteté de l'esprit.   André Suarès

CLASSES

La moitié des classes laborieuses accumule paisiblement des valeurs que les classes supérieures leur prendront. L'autre moitié vole les voleurs.   *Bréviaire du révolutionnaire*, Bernard Shaw

CLASSIQUES

Un homme plein de classiques est un danger pour l'humanité.
                              Tropique du Cancer, Henry Miller

CLEF

Il n'y a rien de plus beau qu'une clef, tant qu'on ne sait pas ce qu'elle ouvre.   *Aglavaine et Sélysette*, Maurice Maeterlinck

CLOCHARD

Je ne considère pas le clochard comme un raté. Sa vie en marge, la plupart du temps, il l'a voulue.   Georges Simenon

CLOWN

L'art du clown est le miroir comique de la tragédie et le miroir tragique de la comédie.   *Remarques*, André Suarès

CLUB

Je me fiche d'appartenir à un club qui accepte comme membre des types dans mon genre.   Groucho Marx

CŒUR

Le cœur est une bête dont il est prudent de se méfier. L'intelligence en est une autre, mais elle au moins ne parle pas d'amour.
                              La Puissance et la Gloire, Graham Greene

Le cœur a ses prisons que l'intelligence n'ouvre pas.
                              De la grandeur, Marcel Jouhandeau

COLÈRE

Ne fais pas de psychologie dans la colère, tu verrais trop juste.

Pages d'un moraliste, Jean Rostand

COLONIES

Les colonies sont faites pour être perdues.

Le Maître de Santiago, Henry de Montherlant

COMBATTRE

Nous nous battrons en France, nous nous battrons sur les mers et sur les océans, nous nous battrons avec toujours plus de courage, nous défendrons notre île, quel qu'en soit le prix, nous nous battrons sur les plages, sur les terrains d'atterrissage, dans les rues et dans les champs, nous nous battrons dans les collines. Nous ne nous rendrons jamais.

Discours radiodiffusé, 1940, Winston Churchill

Il n'y a pas cinquante manières de combattre, il n'y en a qu'une, c'est d'être vainqueur.

L'Espoir, André Malraux

COMÉDIE

La comédie, c'est la société qui se protège d'un sourire.

George Meredith, John B. Priestley

COMIQUE

Quand se décidera-t-on à prendre au sérieux les comiques ?

Théâtre, je t'adore, Sacha Guitry

Le comique étant l'intuition de l'absurde, il me semble plus désespérant que le tragique.

Notes et contre-notes, Eugène Ionesco

COMMENCER

Je commence là où s'arrête le dernier homme.

Thomas A. Edison

COMMERCE

Le bon commerçant vous fait acheter ce qu'il a besoin de vendre.

Ulysse, James Joyce

COMMUNIQUER

Nous pouvons aisément entrer en communication d'un continent à l'autre, mais nous ne sommes pas encore capables d'entrer en communication avec un autre homme.

L'Avant-scène du théâtre, Václav Havel

COMMUNISME

Le communisme, c'est le pouvoir des soviets plus l'électrification du pays.

Lénine

COMPOSITEUR

Ce que le public demande d'abord à un compositeur, c'est qu'il soit mort.

Arthur Honegger

COMPRENDRE

Je vous ai compris.　　*Discours, Alger 1958*, Charles de Gaulle

COMPROMIS

Le compromis est une nécessité et un principe d'action.

Michel Rocard

CONDUIRE

Quand j'ai commencé à conduire, je me suis irrité de l'insouciance des piétons, comme je l'avais fait auparavant de la désinvolture des conducteurs.

Sigmund Freud

CONFESSION

Rien n'abîme autant une confession que le repentir.

Le Jardin d'Épicure, Anatole France

CONFLITS

Jamais, dans l'histoire des conflits humains, une dette aussi grande n'a été contractée par un aussi grand nombre d'hommes, envers si peu.

Discours 1940, Winston Churchill

CONGRÈS

Un congrès de malades n'a jamais remplacé un médecin.

L'État et la Révolution, Lénine

CONNAISSANCE

Toute connaissance empirique, pourvu qu'elle concerne l'homme, vaut comme champ philosophique possible où doit se découvrir le fondement de toute connaissance, la définition, les limites et finalement la vérité de toute vérité.

Les Mots et les Choses, Michel Foucault

La connaissance est la seule morale du roman. Milan Kundera

La connaissance progresse en intégrant en elle l'incertitude, non en l'exorcisant. Edgar Morin

CONNAÎTRE

Pour connaître la rose, quelqu'un emploie la géométrie et un autre emploie le papillon.

L'Oiseau noir dans le soleil levant, Paul Claudel

Il y a des gens qui gagnent à être connus. Ils y gagnent en mystère.

Entretiens sur des faits divers, Jean Paulhan

CONSCIENCE

La conscience est née quand le père entoure ses femmes et ses outils de pieux tabous, contre le désir de ses fils.

Essais, Sigmund Freud

La conscience grecque du monde était niée par le chrétien, parce qu'il en avait une autre ; toutes les consciences du passé sont interrogées par nous, parce que nous n'en avons pas.

Les Voix du silence, André Malraux

La conscience est une maladie. *Essais*, Miguel de Unamuno

CONSUMER

Tout ce qui ne se consume pas pourrit.

L'Homme et le Sacré, Roger Caillois

CONTEMPLATIF

Si un contemplatif se jette à l'eau, il n'essaiera pas de nager, mais de comprendre l'eau et il se noiera. *Plume*, Henri Michaux

CONTRACEPTIF

J'ai découvert un soir un nouveau contraceptif oral : j'ai demandé à une femme de coucher avec elle et elle m'a répondu non.

Woody Allen

CONTRADICTIONS

Nous ne vivons que de contradictions et pour des contradictions.

Le Sentiment tragique de la vie, Miguel de Unamuno

Il est plus facile de mourir de ses contradictions que de les vivre.

Les Justes, Albert Camus

CONTRÔLE

Quand on s'engage dans le contrôle, on s'achemine vers la répression.

La Banqueroute de Law, Edgar Faure

CONSTRUIRE

Construire, c'est collaborer avec la terre, c'est mettre une marque humaine à un paysage, qui en sera modifié à jamais.

Mémoires d'Hadrien, Marguerite Yourcenar

CORBEILLE

La politique de la France ne se fait pas à la corbeille.

Charles de Gaulle

CORPS

Mon corps n'existe à moi-même que sous deux formes courantes : la migraine et la sensualité. La migraine n'est que le tout premier degré du mal physique et la sensualité n'est considérée, ordinairement, que comme une sorte de laissé-pour-compte de la jouissance.

Roland Barthes par Roland Barthes

Mens sana in corpore sano est une maxime absurde : le corps sain est le produit de l'esprit sain.

Bréviaire du révolutionnaire, Bernard Shaw

COURAGE

Ceux qui manquent de courage ont toujours une philosophie pour le justifier.

L'Homme révolté, Albert Camus

Le courage c'est presque une contradiction dans les termes : cela signifie un grand désir de vivre prenant la forme d'une disponibilité devant la mort. *Orthodoxie*, Gilbert K. Chesterton

Le courage, c'est une chose qui s'organise, qui vit, qui meurt, qu'il faut entretenir comme les fusils. *L'Espoir*, André Malraux

CRAINTE

La seule chose que nous ayons à craindre est la crainte elle-même.
Franklin D. Roosevelt

La crainte est quelque chose de plus profond que le courage.
La Dernière à l'échafaud, Gertrud von Le Fort

CRÉATION

Toute création est, à l'origine, la lutte d'une forme en puissance contre une forme inusitée. *Les Voix du silence*, André Malraux

CRIME

Si on essaie de comprendre le crime, on n'arrive plus à le juger.
Antimémoires, André Malraux

Les raisons qui font que l'on s'abstient des crimes sont plus honteuses, plus secrètes que les crimes. *Tel quel*, Paul Valéry

CRISE

La crise d'hier est la plaisanterie de demain. Herbert G. Wells

Une crise de nerfs n'est pas une opinion.
Malaisie, Henri Fauconnier

CRITIQUE

La critique devrait être une sorte de pédagogie de l'enthousiasme.
J'abats mon jeu, Louis Aragon

La critique n'est pas un hommage à la vérité du passé ou à la vérité de l'autre, elle est construction de l'intelligible de notre pensée.
Roland Barthes par Roland Barthes

Je me défends contre les critiques mais je suis sans défense contre les approbations.
Essais, Sigmund Freud

Le critique littéraire parisien dit du bien de ce qu'il déteste et dénonce ce qu'il admire secrètement.
Mémoires impudiques, Jean-Edern Hallier

Plutôt que le maître d'école, le critique doit être l'élève de l'œuvre.
Notes et contre-notes, Eugène Ionesco

Les gens demandent des critiques mais ils ne veulent que des louanges.
Pensées, Somerset Maugham

Le mauvais critique commence par parler du poète et non du poème.
L'ABC de la lecture, Ezra L. Pound

CROIRE

Une vie est belle, où l'on commence par croire quelque chose et où l'on finit par ne croire à rien.
Mors et vita, Henry de Montherlant

Je ne crois pas à la science. Je ne crois plus qu'à la croyance. Et je ne suis pas croyant.
Journal, Charles-Ferdinand Ramuz

Il ne faut pas croire tout ce qu'on nous dit de ceux qui ne pensent pas comme nous.
Ma vie et ma pensée, Albert Schweitzer

Pour les croyants, la vérité est la croyance. On ne sait pas, mais on croit. Et ce qu'on croit fait le prix de ce qu'on sait.
Le Voyage du condottiere, André Suarès

CRUAUTÉ

La cruauté se multiplie par la foule.
Le Voyage du condottiere, André Suarès

CUL

Si le mot « cul » est écrit dans une phrase, quelle que soit la beauté de la phrase, le lecteur ne réagira que sur ce mot.
Journal, Jules Renard

CULTURE

Ce qu'on appelle la culture – soit une plus fine sensibilité à l'équité, à la cohérence et à l'harmonie – demeure superficiel, pour ne pas dire pelliculaire.
Instincts et société, Roger Caillois

Séparer la culture du travail : le péché social par excellence.
Actuelles, Albert Camus

Chaque culture se fonde davantage sur des préjugés que sur des vérités.
L'Âge d'homme, Friedrich Dürrenmatt

Tout est culture.
Discours, 1981, Jack Lang

Il n'y a pas de culture sans loisirs. Il y a des loisirs sans culture.
Les Voix du silence, André Malraux

La culture ne nous enseigne pas l'homme, elle nous enseigne tout modestement l'homme cultivé.
L'Espoir, André Malraux

La culture, c'est comme la confiture, moins on en a plus on l'étale.
Slogan de mai 68

CYNISME

Le cynisme est la tentation de toutes les formes d'intelligence.
Actuelles, Albert Camus

Rien ne ressemble plus au cynisme que la clairvoyance.
Journal, François Mauriac

Le pouvoir d'une observation précise est appelé communément cynisme par ceux qui en sont dépourvus.
Mémoires pour révolutionnaires, Bernard Shaw

D

DANGER

Toute création est remplie de dangers, si elle en vaut la peine. Dieu a donné l'exemple.　　*Essai sur moi-même*, Marcel Jouhandeau

Sous toute douceur charnelle un peu profonde, il y a permanence d'un danger.　　*A la recherche du temps perdu*, Marcel Proust

Le monde est toujours en danger pour ceux qui en ont peur.
　　Maximes pour révolutionnaires, Bernard Shaw

DANSE

La danse moderne ? Ce n'est plus de la danse mais de la décadence.　　*Pensées*, Albert Camus

DANTZIG

Mourir pour Dantzig ?　　Mai 1939, titre de l'éditorial de *L'Œuvre*

DEBOUT

Debout les morts !　　*1915*, Adjudant Péricard

DÉCADENCE

La décadence est la condition indispensable de la renaissance.
　　Federico Fellini

DÉCEPTION

Je suis déçu mais pas désespéré !
　　Septembre 1990, Javier Pérez de Cuéllar

DÉCISION

La décision est une belle chose, mais le vrai principe fécond ; par conséquent, le vrai principe artistique, c'est la réserve.

Goethe et Tolstoï, Thomas Mann

Toutes les décisions définitives sont prises dans un état d'esprit qui n'est pas appelé à durer.

A la recherche du temps perdu, Marcel Proust

DÉCLIN

Le déclin de l'âge nous apporte ce bienfait : c'est que les êtres et les nations ne peuvent plus nous surprendre que par leurs vertus. La bassesse va de soi... *Le Bâillon dénoué,* François Mauriac

DÉCOMPOSITION

Les civilisations meurent comme les hommes et cependant elles ne meurent pas à la manière des hommes. La décomposition, chez elles, précède leur mort au lieu qu'elle suit la nôtre.

La liberté, pour quoi faire ?, Georges Bernanos

DÉFICIT

Le déficit commence par l'euphorie et finit par la facture.

Valéry Giscard d'Estaing

DÉLIBÉRER

Délibérer est le fait de plusieurs. Agir est le fait d'un seul.

Mémoires de guerre, Charles de Gaulle

DÉMOCRATIE

La démocratie est d'autant plus solide qu'elle peut supporter un plus grand nombre d'informations.

Plaidoyer pour l'avenir, Louis Armand

La démocratie n'est pas simplement la loi de la majorité, c'est la loi de la majorité respectant comme il convient le droit des minorités. Clement Attlee

Les démocraties ne peuvent pas plus se passer d'être hypocrites que les dictatures d'être cyniques.

Nous autres, Français, Georges Bernanos

La démocratie, c'est l'avènement des masses à la susceptibilité nationale. *La Trahison des clercs*, Julien Benda

La démocratie, c'est le pire des régimes, si on oublie tous les autres. Winston Churchill

La démocratie, c'est la révolution couchée.

Le Courrier des Pays-Bas, Léon Daudet

La démocratie, dont je suis partisan, est celle qui donne à tous les mêmes chances de réussite. Celle que je repousse, c'est la démocratie qui prétend remettre au nombre ce qui revient au mérite.

Ma vie, mon œuvre, Henry Ford

La démocratie, c'est d'abord un état d'esprit.

La République moderne, Pierre Mendès France

La démocratie, c'est une façon de vivre où les gens osent se communiquer les choses importantes.

Les Hommes de bonne volonté, Jules Romains

A la nomination d'une minorité corrompue, la démocratie substitue l'élection par une masse d'incompétents.

Bréviaire du révolutionnaire, Bernard Shaw

DÉMON ─────────────────────

Le démon aime les collectivités, plus encore les assemblées, la grandeur aussi. *Antimémoires*, André Malraux

DÉPRESSION ─────────────────

Un des symptômes d'une dépression nerveuse, c'est le fait de croire que votre travail est terriblement important.

Autobiographie, Bertrand Russell

DERRIÈRE

C'est la manie des jeunes de mettre toute l'humanité dans un derrière, un seul.

Voyage au bout de la nuit, Louis-Ferdinand Céline

DÉSAPPRENDRE

Désapprendre à rêvasser, apprendre à penser ; désapprendre à philosopher, apprendre à dire : cela ne se fait pas en un jour. Et pourtant nous n'avons que peu de jours pour le faire.

Une mort très douce, Simone de Beauvoir

DÉSERT

Le désert qui sépare les classes, comme il sépare les êtres...

Le Désert de l'amour, François Mauriac

Je vaux, dans le désert, ce que valent mes divinités.

Lettre à un otage, Antoine de Saint-Exupéry

Les déserts engendrent les dieux.

Dernières Nouvelles de l'homme, Alexandre Vialatte

DESCRIPTION

Pour décrire convenablement une chose, il ne faut pas avoir le nez dessus.

Journal, André Gide

DÉSHONNEUR

Vous avez cherché le déshonneur pour ne pas avoir la guerre, vous aurez la guerre, sans éviter le déshonneur. Winston Churchill

DÉSIR

Notre vrai désir, c'est de cesser de vivre exclusivement pour nous-mêmes. *L'Homme de Buridan*, Saul Bellow

C'est le désir qui crée le désirable et le projet qui pose la fin.

Pour une morale de l'ambiguïté, Simone de Beauvoir

Le désir de l'homme est brutal et sommaire, celui de la femme, rusé et lent, comme venant de plus loin.

La Femme et l'Amour, Léon Daudet

Le désir n'est jamais trompé. L'intérêt peut être trompé mais pas le désir. Il arrive qu'on désire contre son intérêt.

L'Anti-Œdipe, Gilles Deleuze

Le désir est l'excitateur du rêve, la réalisation de ce désir forme le contenu du rêve.   *Essais sur la sexualité*, Sigmund Freud

Le désir n'est que le désir du désir de l'autre.

Essais, Jacques Lacan

DÉSORDRE

Le désordre est le délice de l'imagination.   Paul Claudel

DESPOTE

Tout despote doit avoir des sujets déloyaux pour le ramener à la raison.   *Maximes pour révolutionnaires*, Bernard Shaw

DESTIN

Le destin, c'est simplement la forme accélérée du temps.

La guerre de Troie n'aura pas lieu, Jean Giraudoux

Désormais, dans le destin de tout homme, il y aura ce Dieu à l'affût.

Vie de Jésus, François Mauriac

DESSEIN

Nous vivons dans un âge peu favorable aux grands desseins.

Mitra-Varuna, Georges Dumézil

DÉTACHER

Détacher est le geste essentiel de l'art classique.

Roland Barthes par Roland Barthes

DIABLE

Le diable, c'est l'ami qui ne reste jamais jusqu'au bout.

Monsieur Ouine, Georges Bernanos

DIAGNOSTIC

Le diagnostic est la maladie la plus répandue.

Carnets impudiques, Jean-Edern Hallier

DICTATEUR

Les dictatures fomentent l'oppression, la servitude, la cruauté mais le plus abominable est qu'elles fomentent l'idiotie.

Argentine libre, Jorge Luis Borges

La dictature, dévotion fétiche pour un homme, est éphémère.

Winston Churchill

La dictature est la forme la plus complète de la jalousie.

Technique du coup d'État, Curzio Malaparte

DIEU

Dieu est un désespoir qui commence là où finissent tous les autres.

Des larmes et des saints, Émile M. Cioran

Tout sans Dieu est néant, et Dieu n'est que le néant suprême.

Des larmes et des saints, Émile M. Cioran

Dieu est pour l'homme, la religion pour la femme.

Des souvenirs, Joseph Conrad

Les dieux qui rassurent occupent moins les hommes que les dieux qui inquiètent. *Les Dieux des Germains*, Georges Dumézil

Si j'étais Dieu, j'aurais pitié du cœur des hommes.

Pelléas et Mélisande, Maurice Maeterlinck

Pourquoi attaquer Dieu ? Il est peut-être aussi malheureux que nous. Erik Satie

Quand Dieu se tait, on peut lui faire dire ce qu'on veut.

Le Diable et le bon Dieu, Jean-Paul Sartre

Dieu a tout fait de rien, mais le rien perce. *Variété*, Paul Valéry

DIFFICILE

Ne me dites pas que ce problème est difficile. S'il n'était pas difficile, ce ne serait pas un problème. Maréchal Foch

Le difficile demande du temps, l'impossible un peu plus.

Chaïm Weizmann

DIGNITÉ

Chacun de nous, extérieurement, se montre plein de dignité. Mais chacun sait tout ce qui se passe d'inavouable en nous, seul avec nous-même. *Ce soir on improvise*, Luigi Pirandello

DIPLOMATE

Les diplomates ne sont utiles que par beau temps. Quand il pleut, ils se noient dans chaque goutte d'eau.

Mémoires de guerre, Charles de Gaulle

Les diplomates cherchent des problèmes aux solutions.

Harry S. Truman

DIRE

Le plus difficile au monde est de dire en y pensant ce que tout le monde dit, sans y penser. *Histoire de mes pensées*, Alain

Quand quelqu'un vous dit : « Je me tue à vous le dire », laissez-le mourir. *Spectacle*, Jacques Prévert

Tout le problème n'est pas ce qu'on a à dire, mais où on le dit, en chaire, par le livre, dans les médias. Michel Serres

DISCOURS

Le discours de l'un est le discours de l'autre.

Écrits, Jacques Lacan

DISCUTER

Ne discutez jamais avec quelqu'un. Souvenez-vous que les autres aussi ont droit à dire des stupidités.

Dieu, Shakespeare et moi, Woody Allen

DIVORCE

Le divorce est un jeu pour avocats. Cary Grant

DOCTRINE

Les théories servent à voir, les doctrines à savoir.

Charles Maurras

Toute doctrine se présente nécessairement comme une affaire plus avantageuse que les autres. Elle dépend donc des autres.

Tel quel, Paul Valéry

DOGME

Il n'y a pas de grande œuvre qui soit dogmatique.

Roland Barthes par Roland Barthes

Si l'on déracine les dogmes, le sentiment religieux persistera.

Jean Barois, Roger Martin du Gard

DON

Nous avons tous une faculté particulière – un don, si vous voulez – par lequel nous resterons toujours distincts des autres êtres.

Jean Barois, Roger Martin du Gard

DOUCEUR

Prends garde à la douceur des choses,
Lorsque tu sens battre sans cause,
Ton cœur trop lourd.

Romances sans musique, Paul-Jean Toulet

DOULEUR

Toute douleur veut être contemplée ou bien elle n'est pas sentie du tout. *Propos sur le bonheur*, Alain

Qui cherche la vérité de l'homme doit s'emparer de sa douleur.

La Joie, Georges Bernanos

Il n'y a pas d'erreur romantique plus forte que celle de l'utilité de la douleur. *Le Marchand d'oiseaux*, Robert Brasillach

DOUTE

Plus on est envahi par le doute, plus on s'attache à une fausse lucidité d'esprit, avec l'espoir d'éclaircir par le raisonnement ce que le sentiment a rendu trouble et obscur.

Le Mépris, Alberto Moravia

La tolérance est la fille du doute.

Arc de triomphe, Erich Maria Remarque

Pour tout problème, il est bon de mettre un point d'interrogation aux choses considérées depuis longtemps comme reçues.

Autobiographie, Bertrand Russell

Je doute, parce que je crois que l'avenir saura mieux.

Le Grand Jamais, Elsa Triolet

DRAME

La vie sous toutes ses formes (biologiques, sociales, politiques, psychologiques) ne m'apparaît pensable et exprimable que dramatiquement.

Écrits intimes, Roger Vailland

DROIT

On défend bien plus férocement sa chance que son droit.

Changer la vie, Jean Guéhenno

Le droit est un jugement de valeur, qu'une force porte sur une force moins forte qu'elle.

Carnets, Henry de Montherlant

DROITE

La vérité est une seule, l'erreur est multiple. Ce n'est pas un hasard si la droite est pluraliste.

Simone de Beauvoir

La liberté de la droite, c'est en réalité celle du renard et du poulailler.

Pierre Mauroy

Les termes « modernisation », « entreprise », « innovation », seraient de droite ? Postulat absurde !

François Mitterrand

DUPE

Tout est permis, du moment qu'on n'est pas dupe de soi-même.
Journal, Roger Martin du Gard

DURER

Durer : devenir sa propre histoire. Autant que nos actes, nous prenons en charge ce qui nous advient. Tout nous fait signe : à nous d'en faire sens. *Le Goût de l'un*, Pierre Emmanuel

E

ÉCHEC

Sans échec pas de morale.

Pour une morale de l'ambiguïté, Simone de Beauvoir

L'histoire d'une vie, quelle qu'elle soit, est l'histoire d'un échec.

L'Être et le Néant, Jean-Paul Sartre

L'échec assure le développement de celui qui accomplit la tâche, et ce proportionnellement à la difficulté rencontrée.

Le Premier Cercle, Alexandre Soljenitsyne

ÉCHO

Quand certains entendent un écho, ils s'imaginent avoir produit le son.
Ernest Hemingway

ÉCONOMIE

L'efficacité des structures économiques tient aux complémentarités qu'elles trouvent dans les structures sociales, politiques et mentales. Toute croissance implique une comptabilité de ces structures.
Raymond Barre

L'économie ne se change pas par décrets.

Rendre sa chance à la gauche, Michel Rocard

ÉCRIRE

On écrit souvent pour soi, pour oublier le temps qui passe.

Essai, Jorge Luis Borges.

Ceux qui écrivent clairement ont des lecteurs, ceux qui écrivent obscurément ont des commentateurs.   *Actuelles*, Albert Camus

Écrire est une vue de l'esprit. C'est un travail ingrat qui mène à la solitude. *L'Homme foudroyé*, Blaise Cendrars

Écrire, c'est fausser. Être exact, c'est bien rare. Toujours on est au-dessus ou au-dessous. *Propos d'un jour*, Paul Léautaud

Écrire et ne pas publier est un état délectable.
Service inutile, Henry de Montherlant

Je vivrais mal si je n'écrivais pas et j'écrirais mal si je ne vivais pas.
Françoise Sagan

Ma méthode est de prendre le plus de soins possible pour trouver la chose qu'il faut dire et ensuite la dire avec une légèreté extrême.
Bernard Shaw

J'écris vite parce que je n'ai pas la cervelle pour écrire lentement.
Georges Simenon

Il faut pour bien écrire que la nécessité intervienne ; le libre choix paralyse. *Journal*, Charles-Ferdinand Ramuz

Écrire, c'est une façon de parler sans être interrompu.
Journal, Jules Renard

ÉCRIVAIN

Les grands écrivains n'ont jamais été faits pour subir la loi des grammairiens, mais pour imposer la leur.
Positions et propositions, Paul Claudel

L'écrivain n'est pas une personne mais plusieurs personnes, qui essaient de n'en faire qu'un seul.
The Last Tycoon, Francis Scott Fitzgerald

L'écrivain est une sorte de voyant émerveillé.
Deuxième Belvédère, André Pieyre de Mandiargues

Un écrivain est essentiellement un homme qui ne se résigne pas à sa solitude. *Dieu et Mammon*, François Mauriac

L'écrivain est le Faust des temps modernes, le seul individualiste qui subsiste dans l'ère des masses.

Pasternak par lui-même, Boris Pasternak

Un écrivain n'a plus rien à dire après quarante ans.

Un homme comme un autre, Georges Simenon

ÉDUCATION

Nous acquérons par l'éducation des connaissances éphémères et des répugnances tenaces. *Pensées d'un biologiste*, Jean Rostand

ÉGALITÉ

La France a toujours cru que l'égalité consiste à trancher ce qui dépasse.

Discours de réception à l'Académie française, Jean Cocteau

Certes les êtres humains sont égaux, mais les individus ne le sont pas. *L'Homme, cet inconnu*, Alexis Carrel

L'égalité ne peut régner qu'en nivelant les libertés.

L'Étang de Berre, Charles Maurras

ÉGLISE

L'église est le seul endroit où quelqu'un me parle sans que je sois obligé de lui répondre. Charles de Gaulle

Il n'y aurait pour l'Église qu'une seule chance de salut : évoluer, afin de rendre ses formules acceptables aux consciences modernes.

Jean Barois, Roger Martin du Gard

Au-dedans de l'Église, les tenants du dépôt s'opposent aux tenants du message. *Ce que je crois*, François Mauriac

L'Église a plus maintenu ses vérités par ses souffrances que par les vérités elles-mêmes. *Port-Royal*, Henry de Montherlant

On chante à l'église, pourquoi n'y danserait-on pas ?

Bernard Shaw

ÉGOÏSTE

Si vous désignez, par égoïsme, le désir de contenter ses besoins, en ce sens, je suis et chaque parcelle de nature est égoïste.

L'Ennemi des lois, Maurice Barrès

L'égoïsme est la liane après laquelle les hommes se sont hissés pour sortir de la jungle. *Hors la loi*, Blaise Cendrars

L'homme voudrait être égoïste et ne le peut pas. C'est le caractère le plus frappant de sa misère et de sa grandeur.

La Pesanteur et la Grâce, Simone Weil

ÉLU

Un élu est un homme que le doigt de Dieu coince contre un mur.

Le Diable et le bon Dieu, Jean-Paul Sartre

ENFANT

Les enfants sont la Sécu des vieux en Afrique.

Le Petit Train de la brousse, Philippe de Baleine

Ma mère aimait les enfants. Elle m'aurait tout donné, si j'en avais été un. Groucho Marx

Un enfant est un songe.

Mémoires d'une jeune fille rangée, Simone de Beauvoir

Tout ce qui n'a ni une couleur, ni un parfum, ni une musique, c'est de l'enfantillage. *L'Herbe rouge*, Boris Vian

Le moment où le petit enfant prend conscience du pouvoir de ses pleurs n'est pas différent de celui où il en fait un moyen de pression et de gouvernement. *Tel quel*, Paul Valéry

ENFER

L'enfer, c'est d'avoir perdu l'espoir.

Les Clés du royaume, Archibald J. Cronin

Comment savez-vous que la terre n'est pas l'enfer d'une autre planète ? *Contrepoint*, Aldous Huxley

L'enfer, c'est les autres.   *Huis clos*, Jean-Paul Sartre

ENGAGEMENT

Dans la littérature engagée, l'engagement ne doit pas faire oublier la littérature.   *Situations*, Jean-Paul Sartre

ENNEMI

Pardonnez à vos ennemis, mais n'oubliez jamais leur nom.
John F. Kennedy

Les pires ennemis d'un homme, ce sont ses compatriotes.
Malatesta, Henry de Montherlant

ENNUI

L'ennui est pour moi une sorte d'insuffisance, de disproportion ou d'absence de la réalité.   *Le Mépris*, Alberto Moravia

Au moins la moitié des péchés du monde sont causés par l'ennui.
Autobiographie, Bertrand Russell

L'ennui fait le fond de la vie, c'est l'ennui qui a inventé les jeux, les distractions, les romans et l'amour.
Brouillard, Miguel de Unamuno

ENSEIGNANT

Qui n'est pas dogmatique n'est pas enseignant.
Orthodoxie, Gilbert K. Chesterton

Tout enseignant est enseigné, tout enseigné est enseignant.
Slogan de mai 68

ENTENTE

Quand des hommes et des femmes s'entendent, c'est seulement dans leurs conclusions. Leurs raisons sont toujours différentes.
La Vie de la raison, George Santayana

ENTHOUSIASME

L'enthousiasme, c'est le fanatisme d'en face.
Quelques maximes, André Siegfried

ÉPARGNE

L'épargne est une bonne chose, surtout si vos parents l'ont faite pour vous.
Winston Churchill

Tout le monde est en faveur de l'épargne publique et pour les dépenses privées.
Anthony Eden

ÉPÉE

L'épée est l'axe du monde.
Vers l'armée de métier, Charles de Gaulle

ÉPI

Un épi, c'est à la fois la chose la plus naturelle et la chance la plus improbable.
Situations, Jean-Paul Sartre

ÉPINGLE

L'épingle, la fameuse épingle, qu'il n'arrive pas à tirer du jeu, ce n'est pas l'homme moderne qui consentirait à en chercher la tête parmi les étoiles.
Lettres aux voyants, André Breton

ÉPOQUE

Nous vivons une époque d'effroi et de vide, qui explique le retour au religieux, c'est-à-dire l'opposition à l'absolu intellectuel de la raison, par l'absolu de la foi.
Jean Daniel

ÉPOUX

On n'a pas tort de dire que la femme est la moitié de l'homme, car un homme marié n'est qu'une moitié d'homme.
Histoires littéraires, Romain Rolland

ERREUR

Une erreur ne devient une faute que lorsqu'on ne veut pas en démordre.
Sur les falaises de marbre, Ernst Jünger

ÉRUDITION

L'érudition, c'est la mémoire, et la mémoire, c'est l'imagination.
Conseils à un jeune poète, Max Jacob

ESPOIR

L'espoir est un instinct que seul peut tuer un raisonnement de l'esprit. Les animaux ne connaissent pas le désespoir.

La Puissance et la Gloire, Graham Greene

ESPRIT

J'ai toujours rencontré si peu d'esprit autour de moi qu'il a bien fallu que j'utilise le mien.   *Journal*, Paul Léautaud

Il ne suffit pas d'avoir de l'esprit, il faut encore en avoir assez pour s'abstenir d'en avoir trop.   *De la conversation*, André Maurois

Un esprit en mal de notions doit s'approvisionner d'apparences.

Tome premier, Francis Ponge

ÉTAT

L'État se nomme toujours patrie quand il prépare un assassinat.

Romulus le Grand, Friedrich Dürrenmatt

L'État totalitaire, ce n'est pas la force enchaînée, c'est la vérité enchaînée.   *La Barbarie à visage humain*, Bernard-Henry Lévy

Les États-Unis d'Europe se feront dans la douleur. Les États-Unis du monde n'en sont pas encore là.

Appel aux intellectuels, André Malraux

L'État quel qu'il soit est le fonctionnaire de la société.

La Dentelle du rempart, Charles Maurras

Tout dans l'État, rien contre l'État, rien en dehors de l'État.

Benito Mussolini

Quand l'État est fort, il nous écrase. Quand il est faible, nous périssons.   *Regards sur le monde actuel*, Paul Valéry

ÉTHIQUE

L'éthique est l'esthétique du dedans.

Le Livre de mon bord, Pierre Reverdy

ETHNOLOGIE

L'ethnologie pourrait se définir comme une technique de dépaysement. *Anthropologie structurale*, Claude Lévi-Strauss

On ne cherche plus la connaissance de l'homme dans l'aventure intellectuelle de quelques esprits exceptionnels, mais dans les humbles labeurs de ces groupements anonymes que sont les sociétés. *Le Cru et le Cuit*, Claude Lévi-Strauss

ÉTRANGER

Le problème de l'homme moderne est qu'il est éduqué pour comprendre les langues étrangères et pour ne rien comprendre aux étrangers. *Orthodoxie*, Gilbert K. Chesterton

EUROPE

L'Europe est le négatif inachevé dont l'Amérique est l'épreuve. *Amérique la Belle*, Mary MacCarthy

La France est notre patrie, l'Europe notre avenir.

François Mitterrand

L'Europe deviendra-t-elle ce qu'elle est en réalité, un petit cap du continent asiatique, ou bien l'Europe restera-t-elle ce qu'elle paraît, c'est-à-dire la partie la plus précieuse de l'univers terrestre ? *Variété*, Paul Valéry

EXISTENCE

Dès que, dans l'existence, ça va un tout petit peu mieux, on ne pense plus qu'aux saloperies. *Mort à crédit*, Louis-Ferdinand Céline

L'existence précède l'essence. Cela signifie que l'homme existe d'abord et se définit après. *L'Existentialisme*, Jean-Paul Sartre

EXPÉRIENCE

L'expérience, ce n'est pas ce qui arrive à quelqu'un, c'est ce que fait quelqu'un quand quelque chose lui arrive. Aldous Huxley

EXPERT

Si le monde explose, la dernière voix audible sera celle d'un expert, disant que la chose est impossible. *L'Amour des quatre colonels*, Peter Ustinov

F

FACIÈS

A cinquante ans, chacun a le faciès qu'il mérite.

1984, George Orwell

FACILITÉ

La facilité, c'est le mal de l'esprit. Elle n'est jamais que l'aptitude de passer de la chose au signe et à penser sur signes.

Libres propos, Alain

FAIBLESSE

Les faiblesses du cœur ne font tort qu'à l'homme. Celles de l'intelligence blessent et vicient l'œuvre même.   Charles Maurras

La faiblesse fait lever la haine, la faiblesse est mère du combat.

Le Paradis à l'ombre des épées, Henry de Montherlant

FAIRE

Faire et non subir, tel est le fond de l'agréable.

Propos sur le bonheur, Alain

Ce que j'ai fait, je te le jure, aucune bête ne l'aurait fait.

Terre des hommes, Antoine de Saint-Exupéry

FAITS

Les faits ne cessent pas d'exister parce qu'on les ignore.

Notes sur le dogme, Aldous Huxley

FAMILLE

Familles, je vous hais ! Foyers clos, portes fermées, possessions jalouses du bonheur !   *Les Nourritures terrestres*, André Gide

Quand la famille se défait, la maison tombe en ruine.

Principes d'action, Oliveira Salazar

FANTASME

Rêver est insipide. En revanche, le fantasme aide à passer n'importe quel temps de veille ou d'insomnie.

Roland Barthes par Roland Barthes

FANATISME

Le fanatisme est le plus grand danger qui existe : je dirais presque que j'étais fanatiquement contre le fanatisme.

Autobiographie, Bertrand Russell

FASCISME

Le fascisme, ce n'est pas d'empêcher de dire, c'est d'obliger de dire.

Roland Barthes

Ce sont les fascistes qui attachent plus d'importance à la façon de mourir qu'aux actes.   *La Force des choses*, Simone de Beauvoir

Tout fasciste commande de droit divin.

Technique du coup d'État, Curzio Malaparte

Le fascisme, c'est la guerre.   *Fils du peuple*, Maurice Thorez

FATAL/FATALITÉ

Il faut détruire les idées pour parvenir au fatal.

Le Jour et la Nuit, Georges Braque

La femme n'est victime d'aucune fatalité. Il ne faut pas conclure que ses ovaires la condamnent à vivre à genoux.

Le Deuxième Sexe, Simone de Beauvoir

Il était le serviteur sans volonté de la fatalité, à laquelle il croyait qu'il ne croyait pas.   *Lumière d'août*, William Faulkner

Que j'aimerais qu'on s'accepte tel qu'on est, qu'on serve les fatalités de la nature avec intelligence : il n'y a pas d'autre génie.

Un beau ténébreux, Julien Gracq

Le coup d'État du christianisme, c'est d'avoir installé la fatalité dans l'homme.   *Les Noyers de l'Altenburg*, André Malraux

Il n'y a pas de fatalité extérieure mais il y a une fatalité intérieure. Vient une minute où l'on découvre ses fautes, où l'on se découvre vulnérable. Alors les fautes vous attirent comme un vertige.
Vol de nuit, Antoine de Saint-Exupéry

La fatalité, c'est ce que nous voulons.
Au-dessus de la mêlée, Romain Rolland

FAUTES

Quand une femme a pardonné les fautes de son amant, elle ne doit pas les ressasser au petit déjeuner.   Marlene Dietrich

Une erreur ne devient une faute que lorsqu'on ne veut pas en démordre.   *Sur les falaises de marbre*, Ernst Jünger

FEMME

La femme est l'avenir de l'homme.   *Le Fou d'Elsa*, Louis Aragon

Seules les femmes voient vraiment les choses. Les hommes n'en ont jamais qu'une idée.   *Uranus*, Marcel Aymé

On ne naît pas femme, on le devient.
Le Deuxième Sexe, Simone de Beauvoir

Être femme est un commerce difficile, puisqu'il s'agit principalement de traiter avec les hommes.   *Fortune*, Joseph Conrad

Je suis contre les femmes : tout contre...   Sacha Guitry

La femme est souvent le point faible du mari.
Ulysse, James Joyce

Vous ne connaissez rien d'une femme, avant de l'avoir rencontrée devant un tribunal.   Norman Mailer

Le premier devoir d'une femme est d'être jolie, le second d'être soignée, le troisième de ne jamais contredire.

Somerset Maugham

Les femmes s'aiment pour elles-mêmes, alors que les hommes ont le mauvais génie d'en faire des objets.

La Part des anges, Hubert Monteilhet

Il y a deux sortes de femmes. La femme-bibelot que l'on peut manier et qui est l'ornement d'une vie d'homme et la femme-paysage. Celle-là, on la visite, on s'y engage, on risque de s'y perdre. La première est verticale, la seconde horizontale.

Le Roi des aulnes, Michel Tournier

FENÊTRE

Tu étais pour moi une fenêtre, à travers laquelle je pouvais regarder les rues. Tout seul je ne pouvais pas.   Franz Kafka

Il vaut mieux se garder propre et poli car vous êtes la fenêtre à travers laquelle vous voyez le monde.   Bernard Shaw

FER

La route permanente du fer est définitivement coupée.

Discours à la radio, 1939, Paul Reynaud

FÊTES

Je n'aime pas les spectacles, j'aime les fêtes.

La Fête, Roger Vailland

FIGURE

Qui voit la figure humaine correctement ? Le photographe, le miroir ou le peintre ?   Pablo Picasso

FIN

Ceci n'est pas la fin. Ce n'est même pas le commencement de la fin. Mais c'est peut-être la fin du commencement.

Discours 1942 après El-Alamein, Winston Churchill

FINANCES

Les gouvernements ont l'âge de leurs finances, comme les hommes ont l'âge de leurs artères.   *Le Cercle de famille*, André Maurois

FLATTERIE

Ce qui flatte un homme, c'est que vous le trouviez digne de flatterie.   *L'Autre Ile de John Bull*, Bernard Shaw

FOI

La foi consiste à savoir se résigner au songe.
Les Sept Piliers de la sagesse, Thomas E. Lawrence

Penser la foi, c'est penser la foi en Dieu.
Journal métaphysique, Gabriel Marcel

Nous n'avons pas perdu la foi, nous l'avons transférée de Dieu à la profession médicale.   Bernard Shaw

Une foi qui ne doute pas est une foi morte.
Essais, Miguel de Unamuno

FOLIE

La folie est le propre de l'homme.
Bourlinguer, Blaise Cendrars

Qu'est-ce donc que la folie, qui récuse d'entrée de jeu toutes les prises sur elle du savoir ? Rien d'autre sans doute que l'absence d'œuvre.   *Histoire de la folie*, Michel Foucault

La raison, c'est la folie du plus fort. La raison du plus fort, c'est de la folie.   *Journal en miettes*, Eugène Ionesco

Quand on a fait sa part à la folie, on se croit sage. Mais la folie se rencogne.   *De l'abjection*, Marcel Jouhandeau

FOND

Le fond et la forme sont aussi distincts que le lièvre et la sauce. Est-ce que le lièvre naît en civet ?
Journal, Roger Martin du Gard

FORME

La forme est le secret de l'œuvre.

Préface pour « Les Fleurs du mal », André Gide

La forme n'est souvent qu'une mise en scène qui déforme.

Stendhal, Paul Léautaud

Il ne faut pas déchirer les formes, car elles ne cachent que l'invisible. *Le Crépuscule des nymphes*, Pierre Louÿs

FORTUNE

Comme on fait la guerre avec le sang des autres, on fait fortune avec l'argent des autres. *Voici l'homme*, André Suarès

FOU

Nous naissons tous fous. Quelques-uns le demeurent.

En attendant Godot, Samuel Beckett

La plus grande leçon de la vie, c'est de savoir que même les fous ont parfois raison. Winston Churchill

Il y a une différence entre un fou et moi, c'est que moi je ne suis pas fou. Salvador Dali

Un fou a dit : « Moi, la France », et personne n'a ri parce que c'était vrai. *Journal*, François Mauriac

FOULE

La foule est une masse inerte, incompréhensible et passive, qu'il faut frapper de temps en temps, pour qu'on connaisse à ses grognements d'ours où elle est et où elle en est.

Questions de théâtre, Alfred Jarry

Nos foules ont, en politique, le nez du chien qui n'aime que les mauvaises odeurs. *La Vie des termites*, Maurice Maeterlinck

FRANCE/FRANÇAIS

Quand Paris se sent morveux, c'est la France qui se mouche.

Silhouette du scandale, Marcel Aymé

Qu'est-ce que la France, je vous demande ? Un coq sur un fumier. Ôtez le fumier, le coq meurt.   *La Difficulté d'être*, Jean Cocteau

La France est le seul pays où, si vous ajoutez dix citoyens à dix autres, vous ne faites pas une addition, mais vingt divisions.
Daninoscope, Pierre Daninos

La France n'est réellement la France qu'au premier rang. Seules les grandes entreprises sont susceptibles de compenser les ferments de division que son peuple porte en elle.   Charles de Gaulle

Le désir du privilège et le goût de l'égalité, passion dominante et contradictoire des Français de toute époque.
La France et son armée, Charles de Gaulle

Le mot « France » et le mot « Allemagne » ne sont à peu près plus des expressions géographiques. Ce sont des termes moraux.
Siegfried et le Limousin, Jean Giraudoux

Les Français admirent le courage plus que l'intelligence ; ils suivent les gens courageux plus facilement que les esprits forts. Pour peu qu'on dispose d'un courage au service d'une intelligence, les Français ne résistent pas.
Avec qui vous savez !, Pierre Lefranc

Quand le franc s'enfièvre, c'est la France qui est malade.
L'Abeille et l'Architecte, François Mitterrand

FRÈRE

Je veux bien être le frère de l'homme blanc, pas son beau-frère.
Martin Luther King

FRONTIÈRE

Le 10 mai 1981, les Français ont franchi la frontière qui sépare la nuit de la lumière.   Jack Lang

S'il y a des frontières en art, elles sont moins des barrières de races que des barrières de classes.   *Jean-Christophe*, Romain Rolland

FUTUR

Le futur est caché, même pour ceux qui le font.
La Révolte des anges, Anatole France

Le problème de notre temps, c'est que le futur n'est plus ce qu'il
a été.
Variété, Paul Valéry

G

GANDHI

Le vrai mérite de Gandhi est d'avoir manifesté l'existence des réalités spirituelles et, si l'on peut dire, d'armements spirituels plus efficaces que les autres.

Réflexions politiques, Hubert Beuve-Méry

GARÇON

Je ne suis plus qu'un petit garçon qui s'amuse, doublé d'un pasteur protestant qui s'ennuie.   *Journal*, André Gide

GASTRONOMIE

Dieu a fait l'aliment, le diable l'assaisonnement.

Ulysse, James Joyce

GAUCHE

Du temps que la gauche était au pouvoir, c'est-à-dire dans l'opposition...   Guy Bedos

La gauche est une patrie. On en est ou on n'en est pas.

L'Ère des ruptures, Jean Daniel

La gauche était une vocation. C'est devenu un métier.

Régis Debray

Rien ne se fait que par la gauche.   Pierre Drieu La Rochelle

DE GAULLE

De Gaulle, c'est la fin de l'épopée, Mitterrand c'est la fin de l'utopie.
La Marque et la Trace, Alain Duhamel

GÉNÉRAL

Les généraux n'ont pas le goût du sang, mais de la tactique. Ce n'est pas du tout la même chose.

Derrière cinq barreaux, Maurice Sachs

La meilleure chose que peut accomplir un général à la retraite, c'est de rendre sa langue avec son uniforme.

Général Omar Bradley

A quatre ans, avec des calots de papier et des sabres de bois, nous étions tous des généraux. Certains, toutefois, en restent toujours là.

Peter Ustinov

GÉNIE

Les génies sont comme les grands paquebots. Ils ne doivent pas se rencontrer.

Traité du style, Louis Aragon

Les visions du génie deviennent rapidement des mets en conserve pour intellectuels.

Herzog, Saul Bellow

Je ne tiens pas à être un génie. J'ai suffisamment de problèmes à être un homme.

Carnets, Albert Camus

Il avait le génie de comprimer le minimum d'idées en un maximum de mots.

A propos d'un adversaire politique, Winston Churchill

Le génie est l'extrême pointe du sens pratique.

Opium, Jean Cocteau

Le génie est fait d'un pour cent d'inspiration et quatre-vingt-dix-neuf pour cent de transpiration.

Thomas Edison

Quant au génie, c'est affaire de biologie.

René Étiemble

Le génie, c'est réussir à créer des poncifs.

Carnets impudiques, Jean-Edern Hallier

L'humanité ne souffre ses génies qu'à l'état de regrets éternels.

Yann Queffelec

Génie ! Ô longue patience !   *Poésies*, Paul Valéry

GENRES

Si les règles et les genres ont été inventés, c'est pour assurer à l'esprit humain sa pleine liberté, pour lui permettre les cris, la surprise et les chants profonds.   *La Rhétorique*, Jean Paulhan

GENS

J'ai toujours été intéressé par les gens, mais je ne les ai jamais aimés.   *La Ronde de l'amitié*, Somerset Maugham

La relation entre les gens et le talent est la même qu'entre l'instinct et la raison.   *Journal*, Jules Renard

GÉOGRAPHIE

Les peuples heureux n'ont pas d'histoire. Les peuples prospères n'ont pas de géographie.

Les Aventures du roi Pausole, Pierre Louÿs

Tout État fait la politique de sa géographie.

Napoléon, cité par François Mitterrand

GÉOMÉTRIE

La géométrie est aux arts plastiques ce que la grammaire est à l'écrivain.   *Méditations esthétiques*, Guillaume Apollinaire

GERMINATION

C'est à la germination que tend l'extrême succulence du fruit.

Les Nouvelles Nourritures, André Gide

GESTES

Tous les gestes engagent, surtout les gestes généreux.

Les Thibault, Roger Martin du Gard

Le geste manqué sert le geste qui réussit.

Citadelle, Antoine de Saint-Exupéry

GLOIRE

La gloire se donne seulement à ceux qui l'ont toujours rêvée.

Mémoires de guerre, Charles de Gaulle

La gloire est une sorte de maladie qu'on prend pour avoir couché avec sa pensée.

Tel quel, Paul Valéry

GOTHIQUE

Le gothique commence aux larmes.

Les Voix du silence, André Malraux

GOUFFRE

L'âme humaine est comme un gouffre qui attire Dieu, et Dieu s'y jette.

Journal, Julien Green

GOÛT

Il est impossible de prescrire, d'introduire ou d'inculquer les goûts.

Un écrivain dans la révolution, Ilia Ehrenbourg

Tous les goûts sont dans la nature,
Et aussi tous les dégoûts.

Paroles, Jacques Prévert

GOUVERNEMENT

Le gouvernement ne détermine pas sa politique à la longueur des cortèges.

Raymond Barre

On change d'optique quand on devient chef de gouvernement.

L'Appel, Léon Blum

Quand je suis à l'étranger, je ne critique jamais le gouvernement de mon pays, mais je me rattrape à mon retour.

Winston Churchill

Tenir le langage est pour le gouvernement une nécessité.

La Cuisinière et le Mangeur d'hommes, André Glucksmann

Mon expérience du gouvernement est que, quand les choses ne sont pas controversées et, au contraire, bien coordonnées, il n'y a pas grand-chose qui marche.

John F. Kennedy

Les gouvernements ont l'âge de leurs finances, comme les hommes ont l'âge de leurs artères. *Le Cercle de famille*, André Maurois

Les gouvernements se conduisent aujourd'hui comme n'oserait pas se conduire un homme d'affaires, même déconsidéré.
La Terre est ronde, Armand Salacrou

GOUVERNER

On ne peut gouverner un peuple sans le faire rêver.
La Vie éternelle, Jacques Attali

Il est plus méritoire de gouverner à contre-courant que de chercher à flatter les désirs des foules. Jacques Benoist-Méchin

Gouverner, c'est choisir entre les désavantages.
Charles de Gaulle

Gouverner, c'est une façon d'écrire sa propre histoire.
Ici et maintenant, François Mitterrand

Gouverner, c'est maintenir les balances de la justice égales pour tous. Franklin D. Roosevelt

L'art de gouverner, c'est l'organisation de l'idolâtrie.
Maximes pour révolutionnaires, Bernard Shaw

GRAND

Il n'y a pas moyen d'être grand, sauf à essayer de l'être.
Actuelles, Albert Camus

Donner un verre d'eau en échange d'un verre d'eau n'est rien. La vraie grandeur, c'est de rendre le bien pour le mal. Gandhi

GRÈVE

Il faut savoir terminer une grève. *Fils du peuple*, Maurice Thorez

GUERRE

Ah Dieu ! que la guerre est jolie,
Avec ses chants, ses longs loisirs.
Calligrammes, Guillaume Apollinaire

Vous ne me dégoûterez pas de la guerre. On dit qu'elle anéantit les faibles, mais la paix en fait tout autant.

Mère Courage et ses enfants, Bertolt Brecht

La guerre, c'est à peine plus que le catalogue des erreurs et de la malchance. Winston Churchill

La guerre est une série de catastrophes, qui se terminent en victoire. Georges Clemenceau

Nous ne sommes pas en guerre avec l'Égypte, nous sommes en conflit armé. Anthony Eden

A la guerre, la chance des généraux c'est l'honneur des gouvernements. *Mémoires de guerre*, Charles de Gaulle

La France a perdu une bataille, elle n'a pas perdu la guerre.

Proclamation, juillet 1940, Charles de Gaulle

La guerre mondiale, après la prochaine, se fera avec des pierres.

Albert Einstein

On appelle guerre le jour où l'âme humaine se donne à sa nature.

Sodome et Gomorrhe, Jean Giraudoux

La guerre nous apprend à aimer nos ennemis et à haïr nos alliés.

David Llyod George

Il y a des guerres justes, il n'y a pas d'armées justes.

L'Espoir, André Malraux

La politique est une guerre sans effusion de sang et la guerre une politique avec effusion de sang. Mao Tsé-Toung

La guerre seule porte toutes les énergies humaines à leur tension maximale. Benito Mussolini

L'objet de la guerre n'est pas de mourir pour son pays, mais de faire en sorte que le salaud d'en face meure pour le sien.

Général G. Patton

La guerre n'est pas une aventure, c'est une maladie comme le typhus. *Pilote de guerre*, Antoine de Saint-Exupéry

H

HABILLER

Un homme bien habillé est quelqu'un dont on ne remarque pas les vêtements.
Somerset Maugham

Les femmes s'habillent toutes pareil, à travers le monde. Elles s'habillent pour embêter les autres femmes.
Elsa Schiaparelli

HABITUDE

L'habitude est une grande sourdine.
En attendant Godot, Samuel Beckett

Le malheur, en ce monde, c'est qu'on perd plus facilement les bonnes habitudes que les mauvaises.
Pensées, Somerset Maugham

Ce n'est pas dans la nouveauté mais dans l'habitude que nous trouvons les plus grands plaisirs.
Le Diable au corps, Raymond Radiguet

HAINE

Quand la haine des hommes ne comporte aucun risque, leur bêtise est vite convaincue. Les motifs viennent tout seuls.
Voyage au bout de la nuit, Louis-Ferdinand Céline

Il doit y avoir quelque chose de bon dans un homme qui hait les chiens et les enfants.
W.C. Fields

En répondant à la haine par la haine, on ne fait que la répandre.
Gandhi

Où que ce soit, un parti est un mensonge en armes. La haine est le parti des partis. *Le Voyage du condottiere*, André Suarès

Je crois que la haine est un sentiment qui ne peut exister qu'en l'absence de toute intelligence. Tennessee Williams

HASARD

Le hasard n'est que la mesure de notre ignorance.

Pensées, Alfred Capus

HÉRÉSIE

L'hérésie est la vie de la religion. *Péguy*, André Suarès

HÉROS

Montre-moi un héros, et j'écrirai une tragédie.

Francis Scott Fitzgerald

Un héros est celui qui fait ce qu'il peut. Les autres ne le font pas.

Jean-Christophe, Romain Rolland

HEURE

Que lentement passent les heures,
comme passe un enterrement.
Tu pleureras l'heure où tu pleures,
qui passera trop vivement,
comme passent toutes les heures. *Alcools*, Guillaume Apollinaire

HEUREUX

Il y a sur terre de telles immensités de misères que l'homme heureux n'y peut songer sans prendre honte de son bonheur. Et pourtant ne peut rien pour le bonheur d'autrui celui qui ne sait être heureux lui-même. *Les Nouvelles Nourritures*, André Gide

Il ne suffit pas d'être heureux : encore faut-il que les autres ne le soient pas. *Journal*, Jules Renard

HISTOIRE

L'Histoire est le total des choses qui auraient pu être évitées.

Konrad Adenauer

L'Histoire est écrite par les vainqueurs.

Les Frères ennemis, Robert Brasillach

Le but de l'Histoire, son sens profond, n'est-ce pas l'explication de la contemporanéité ?   *Écrits sur l'histoire*, Fernand Braudel

L'Histoire m'acquittera !

Fidel Castro

L'Histoire est un cauchemar, dont j'essaie de me réveiller.

Ulysse, James Joyce

... Mais ceci est une autre histoire.

Simples Contes des collines, Rudyard Kipling

Le danger serait de faire une Histoire où la pensée serait la plus courte distance entre deux citations de Lénine ou de Gramsci.

Emmanuel Le Roy Ladurie

La prescription enveloppe tout, innocente l'injuste et déboute les victimes. L'Histoire n'avoue jamais.

Signes, Maurice Merleau-Ponty

Il faudrait être bien inattentif pour croire que l'action de Pierre Mendès France fut limitée aux quelque sept mois et dix-sept jours passés à la tête du gouvernement de la République. Un été, un automne, quelques jours. L'Histoire ne fait pas ces comptes-là. Léon Blum, pour un an, Gambetta et Jaurès pour si peu, pour jamais, pour toujours.   François Mitterrand

Nous arrivons à une époque où nous nous rendons compte que l'autre n'a pas forcément tort. La conscience de l'autre nous vient peu à peu. C'est ça, pour moi, le seul et unique progrès de l'Histoire.   Jean d'Ormesson

L'Histoire, c'est la mise en chantier des travaux destinés à élucider progressivement les mystères de la mort et à la vaincre un jour.

Le Docteur Jivago, Boris Pasternak

L'Histoire se fait sans se connaître.

Critique de la raison dialectique, Jean-Paul Sartre

Hegel avait raison, quand il disait que nous apprenons de l'Histoire que les hommes n'apprennent jamais rien de l'Histoire.

Maximes pour révolutionnaires, Bernard Shaw

J'ai trop écrit l'Histoire pour avoir confiance en elle, et, si quelqu'un croit que je me trompe, je suis tenté de lui donner raison.

Harry Truman

L'Histoire est le produit le plus dangereux que la chimie de l'intellect ait élaboré.   *Regards sur le monde actuel*, Paul Valéry

L'histoire de l'homme devient, de plus en plus, une course entre l'éducation et la catastrophe.

L'Histoire de M. Polly, Herbert G. Wells

HISTORIEN

L'historien se borne à dresser des constats.

Emmanuel Le Roy Ladurie

HIVER

L'hiver n'est pas une saison, c'est simplement une occupation.

Sinclair Lewis

HOLLYWOOD

Le seul moyen d'éviter Hollywood, c'est d'y vivre.   Igor Stravinski

Il y a du génie, du génie partout, à Hollywood. Si seulement il y avait du talent !

Henry Bernstein

HOMME

Une seule phrase suffit à décrire l'homme moderne : il forniquait et lisait les journaux.   *La Chute*, Albert Camus

Dieu a fait l'homme. Le péché l'a contrefait.

Positions et propositions, Paul Claudel

Un homme est la somme de ses propres malheurs.

Le Bruit et la Fureur, William Faulkner

Tout homme est une guerre civile.

Les Sept Piliers de la sagesse, T. E. Lawrence

L'homme est une invention dont l'archéologie de notre pensée montre aisément la date récente. Et peut-être la fin prochaine.

Les Mots et les Choses, Michel Foucault

Tout homme est autre, et moi comme tous les autres.

Œuvres complètes, Jean Genet

Le prix de l'homme baisse, quand il n'a plus l'usage de sa liberté.

Sur la route, Hô Chi Minh

L'homme est une intelligence asservie à ses organes.

Le Meilleur des mondes, Aldous Huxley

L'homme, même révolté, n'est jamais qu'un Dieu manqué et une espèce ratée.   *La Barbarie à visage humain*, Bernard-Henri Lévy

Les hommes préfèrent les blondes, parce que les blondes savent ce que les hommes préfèrent.   Marilyn Monroe

L'homme est né pour vivre et non pour se préparer à vivre.

Le Docteur Jivago, Boris Pasternak

L'homme est à venir. L'homme est l'avenir de l'homme.

Poèmes, Francis Ponge

L'homme n'est pas la somme de ce qu'il a, mais la totalité de ce qu'il n'a pas encore, de ce qu'il pourrait avoir.

Situations, Jean-Paul Sartre

L'homme peut grimper aux plus hauts sommets, mais il ne peut s'y tenir longtemps.   *Candida*, Bernard Shaw

Il est étonnant de constater à quel point l'homme est apte à oublier ses douleurs et ses angoisses.   Georges Simenon

L'homme est un animal réfléchi, non seulement un être qui sait, mais un être qui sait qu'il sait.

L'Apparition de l'homme, P. Teilhard de Chardin

Les hommes se distinguent par ce qu'ils montrent et se ressemblent par ce qu'ils cachent.

Mélanges, Paul Valéry

L'homme serait un roseau pensant. Disons plutôt un roseau pensif.

Dernières Nouvelles de l'homme, Alexandre Vialatte

HOMOSEXUEL

Il n'y avait pas d'anormaux quand l'homosexualité était la norme.

A la recherche du temps perdu, Marcel Proust

HONNEUR

L'honneur, une noblesse disparue avec l'avènement des lâches, de ceux qui, ayant tout compris, n'ont plus rien à défendre.

Syllogismes de l'amertume, E.M. Cioran

Les honneurs, tantôt consacrent la gloire, tantôt en tiennent lieu.

Pensées, Alfred Capus

L'honneur, c'est comme les allumettes, ça ne sert qu'une seule fois.

Marius, Marcel Pagnol

HOSTIE

L'hostie est une pilule pour la foi.

Lexique encyclopédique, Léo Campion

HUÎTRES

Je ne veux pas manger d'huîtres. Je veux des aliments morts, pas malades, pas blessés, morts.

Woody Allen

HUMANISME

L'humanisme bien ordonné ne commence pas par soi-même, mais place le monde avant la vie, la vie avant l'homme, le respect des autres avant l'amour-propre.

L'Origine des manières de table, Claude Lévi-Strauss

Par humanisme, on peut entendre une théorie qui prend l'homme comme fin et comme valeur supérieure.

L'Existentialisme, Jean-Paul Sartre

HUMANITÉ

Plus que jamais, dans l'Histoire, l'humanité est à la croisée des chemins : l'un mène au plus profond désespoir, l'autre à la destruction totale. Prions pour que nous ayons la sagesse de choisir correctement. *Dieu, Shakespeare et moi*, Woody Allen

Le sort de l'humanité sera celui qu'elle mérite.
Comme je vois le monde, Albert Einstein

L'humanité marche à reculons vers l'avenir, les yeux tournés vers le passé. *La Fin des aventures*, Guglielmo Ferrero

L'histoire de l'humanité est un mouvement constant du règne de la nécessité à celui de la liberté.
Citations du président Mao Tsé-Toung

L'homme-individu est essentiellement famille, tribu, nation. Tandis que l'Humanité, elle, n'a pas encore trouvé, autour de soi, d'autres Humanités, pour se pencher sur elle et lui montrer où elle va. *L'Apparition de l'homme*, Pierre Teilhard de Chardin

HUMILITÉ

L'humilité est l'antichambre de toutes les perfections.
Clérambard, Marcel Aymé

L'humilité naît de la confiance des autres.
Jalons, Dag Hammarskjöld

C'est Dieu et pas l'homme qui devrait être humble, en réfléchissant sur le travail médiocre qu'il a fait, en fabriquant un être humain. *Pensées*, Somerset Maugham

Ne soyez pas humbles, vous n'êtes pas assez grands pour cela !
Golda Meir

HYPOCRISIE

L'hypocrisie est une des conditions de l'art.
De l'importance du public, André Gide

L'hypocrite commence par voler son plaisir aux naïfs et il se dérobe, à la fin, à lui-même.

Algèbre des valeurs morales, Marcel Jouhandeau

L'hypocrisie est l'hommage que la vérité paie à l'erreur.

Almanach des lettres, Bernard Shaw

IDÉAL

Un idéal n'est souvent qu'une vision flamboyante de la réalité.

Fortune, Joseph Conrad

Un idéaliste est une personne qui aide les autres à prospérer.

Henry Ford

L'idéalisme est la noble toge dans laquelle les politiciens se drapent pour masquer leur volonté de pouvoir.

L'Éminence grise, Aldous Huxley

L'idéal permanent de l'évolution humaine n'est pas douteux. Ce qui manque à l'humanité, c'est la force de s'imposer à elle-même la poursuite constante de cet idéal.

Les Hommes de bonne volonté, Jules Romains

IDÉE

Rien n'est plus dangereux qu'une idée, quand on n'a qu'une idée.

Propos sur la religion, Alain

C'est bon pour les hommes de croire aux idées et de mourir pour elles.

Antigone, Jean Anouilh

Il est toujours bon d'avoir deux idées : l'une pour tuer l'autre.

Pensées sur l'art, Georges Braque

Mourir pour l'idée, c'est la seule façon d'être à la hauteur de l'idée, c'est la justification.

Les Justes, Albert Camus

Les idées dominantes d'une époque sont comme le mobilier ou les appartements de la classe dominante : ils datent de l'époque précédente. *Révolution dans la révolution*, Régis Debray

Sur la foi de Mallarmé (on n'écrit pas avec des idées mais avec des mots), nous sommes arrivés à croire que, pour un romancier, les idées ne valent rien, qu'elles le gênent, qu'elles font mauvais ménage avec les passions, qu'elles dérangent l'enchantement romanesque. *Balzac et son monde*, Félicien Marceau

Les idées vous tombent de l'esprit, comme du cœur les bien-aimées. *La Relève du matin*, Henry de Montherlant

On appelle mots les idées dont on ne veut pas.
Éléments, Jean Paulhan

Ce ne sont pas les êtres qui existent réellement, mais les idées.
A la recherche du temps perdu, Marcel Proust

Il ne suffit pas qu'une idée soit difficile à exprimer raisonnablement pour qu'elle soit moins bonne qu'une autre.
Lucienne, Jules Romains

IDÉOLOGIE

L'idéologie guette la science en chaque point où défaille sa rigueur, mais aussi au point extrême où une recherche actuelle atteint ses limites. *Lire « Le Capital »*, Louis Althusser

IGNORANCE

Le peu que je sais, c'est à mon ignorance que je le dois.
Si j'ai bonne mémoire, Sacha Guitry

La plus grande partie de l'ignorance peut être vaincue. Nous ne savons pas, parce que nous ne voulons pas savoir.
Le Meilleur des mondes, Aldous Huxley

Toute science crée une nouvelle ignorance.
Plume, Henri Michaux

ILLÉGALITÉ

La France découvre le romantisme de l'illégalité.

La France sauvage, Bernard Kouchner

ILLUSION

Les plus dangereux de nos calculs sont ceux que nous appelons des illusions. *Le Dialogue des carmélites*, Georges Bernanos

C'est respectable d'être sans illusions, sécurisant, utile, et c'est ennuyeux. *Des souvenirs*, Joseph Conrad

La témérité des jugements que nous portons sur les autres est en raison directe des illusions que nous avons sur nous-mêmes.

Pensées et maximes, Théophile Funck-Brentano

Il y a des illusions d'optique dans le temps comme dans l'espace.

A la recherche du temps perdu, Marcel Proust

IMAGE

L'image est péremptoire, elle a toujours le dernier mot : aucune connaissance ne peut la contredire, l'aménager, la subtiliser.

Fragments d'un discours amoureux, Roland Barthes

Une œuvre d'homme n'est rien d'autre que ce long cheminement pour retrouver, par les détours de l'art, les deux ou trois images simples et grandes sur lesquelles le cœur s'est ouvert une première fois. *L'Envers et l'Endroit*, Albert Camus

IMAGINAIRE

L'imaginaire : ce qui tend à devenir réel.

Second Manifeste du surréalisme, André Breton

IMAGINATION

Désordre dans les corps, erreur dans l'esprit, l'un nourrissant l'autre, voilà le réel de l'imagination.

Système des beaux-arts, Alain

Quand on n'a pas d'imagination, mourir c'est peu de chose ; quand on en a, mourir c'est trop.

Voyage au bout de la nuit, Louis-Ferdinand Céline

L'imagination est plus importante que la science.
Sur la science, Albert Einstein

L'érudition, c'est ma mémoire et la mémoire, l'imagination.
Conseils à un jeune poète, Max Jacob

L'imagination fait plus de victimes que toutes les maladies réunies.
C'est une forme de folie. *Étrange intermède*, Eugene O'Neill

L'imagination au pouvoir ! *Slogan de mai 68*

IMBÉCILE

L'imbécile est d'abord d'habitudes et de parti pris.
Les Grands Cimetières sous la lune, Georges Bernanos

IMMIGRANT

Rappelez-vous que nous sommes tous fils d'immigrants.
Franklin D. Roosevelt

IMPORTANCE

Que l'importance soit dans ton regard et non dans la chose
regardée. *Les Nourritures terrestres*, André Gide

Plus vous vivrez vieux, moins vous attacherez de l'importance aux
choses et moins vous accorderez de l'importance à l'important.
Pensées d'un biologiste, Jean Rostand

IMPOSSIBLE

Quand vous avez éliminé l'impossible, ce qui reste, même improbable, doit être la vérité.
Le Signe des quatre, Arthur Conan Doyle

Soyons réalistes ! Demandons l'impossible. *Slogan de mai 68*

Le difficile demande du temps. L'impossible un peu plus.
Chaïm Weizmann

IMPUDEUR

Notre impudeur, c'est notre courage à nous !
Le Coq et l'Arlequin, Jean Cocteau

INCOMPRIS

Il est de ces choses toujours incomprises, car trop souvent expliquées.   *Orthodoxie*, Gilbert K. Chesterton

INCONSCIENT

L'inconscient a une structure : celle du langage.
Écrits, Jacques Lacan

L'inconscient est le secret le plus profond de tout homme.
Freud, Stefan Zweig

INDÉPENDANCE

L'expression « indépendance nationale » est anachronique.
La Vie en plus, Alfred Sauvy

INDIGNATION

L'indignation, c'est la jalousie avec une auréole. Herbert G. Wells

INDISPENSABLE

Il n'y a pas d'homme indispensable.   Franklin D. Roosevelt

INEXACTITUDE

L'inexactitude est l'âme de l'intelligence.
Pensées, Somerset Maugham

INGÉNIEUR

Il faut se méfier des ingénieurs : ça commence par la machine à coudre et ça finit par la bombe atomique.
Critique des critiques, Marcel Pagnol

INJUSTICE

Le christianisme, dans son essence – et c'est paradoxalement sa grandeur –, est une doctrine de l'injustice. Il est fondé sur le sacrifice de l'innocent et l'acceptation de ce sacrifice.
Actuelles, Albert Camus

INSOUMIS

Le monde sera sauvé, s'il peut l'être, par les insoumis.

Journal, André Gide

INSTINCT

L'instinct demande à être dressé par la méthode, mais l'instinct seul nous aide à découvrir une méthode qui nous soit propre et grâce à laquelle nous pouvons dresser notre instinct.

Le Rappel à l'ordre, Jean Cocteau

La soumission effective des instincts à des règles répressives n'est pas imposée par la nature mais par les hommes.

Éros et civilisation, Herbert Marcuse

L'instinct dicte les devoirs et l'intelligence fournit les prétextes pour l'éluder.

Marcel Proust

INSTRUCTION

L'instruction, c'est ce qui reste, quand on a tout oublié.

Créer, Édouard Herriot

Il faut faire pour la culture ce que Jules Ferry a fait pour l'instruction.

André Malraux

INSULTE

Le premier être humain à jeter une insulte, plutôt qu'une pierre, est le fondateur de la civilisation.

Sigmund Freud

INTELLECTUEL

L'intellectuel est quelqu'un dont le cerveau s'observe lui-même.

Carnets, Albert Camus

Un véritable intellectuel est toujours un partisan, mais un partisan exilé, toujours un homme de foi, mais toujours un hérétique.

Pierre Drieu La Rochelle

Un intellectuel est un homme qui utilise plus de mots qu'il n'en faut, pour en dire plus qu'il n'en sait.

Adlai Stevenson

Les intellectuels sont ceux qui donnent des valeurs à ce qui n'en a point. *Mélange*, Paul Valéry

Les trois quarts de nos exercices intellectuels ne sont que broderies sur le vide. Marguerite Yourcenar

INTELLIGENCE

Il y a trois formes d'intelligence : l'intelligence humaine, l'intelligence animale et l'intelligence militaire.
Point et contrepoint, Aldous Huxley

L'intelligence ne vaut qu'au service de l'amour. Ni l'intelligence ni le jugement ne sont créateurs.
Pilote de guerre, Antoine de Saint-Exupéry

Le temps des croisades se termine, celui de l'intelligence arrive.
Éditorial de « L'Express », Jean-Jacques Servan-Schreiber

Notre tort n'est pas de priser l'intelligence, la gentillesse d'une femme qui vous aime ; notre tort est de rester indifférent à l'intelligence et à la gentillesse des autres.
A la recherche du temps perdu, Marcel Proust

INTERDIT

Il est interdit d'interdire ! *Slogan de mai 68*

INTOLÉRABLE

Il y a trois choses intolérables dans la vie : le café froid, le champagne tiède et les femme surexcitées. Orson Welles

INTUITION

Une femme utilise son intelligence pour trouver des raisons à ses intuitions. *Orthodoxie*, Gilbert K. Chesterton

INVENTION

Nous devons au Moyen Âge les deux inventions les plus mauvaises pour l'humanité : la poudre et l'amour romanesque.
Les Mondes impossibles, André Maurois

IRLANDE

Je n'ai rien contre l'Irlande, sauf que c'est l'Irlande. Je n'ai rien contre l'Angleterre, sauf que ce n'est pas l'Irlande.

L'Autre Ile de John Bull, Bernard Shaw

Le cœur de l'Irlandais, c'est son imagination.   Bernard Shaw

IRONIE

L'ironie est une des formes de la sincérité. *Pensées*, Alfred Capus

L'ironie est toujours une bonne garantie d'hygiène mentale.

Pseudo, Romain Gary

Redouter l'ironie, c'est craindre la raison.

L'Esprit, Sacha Guitry

IRRATIONNEL

L'irrationnel limite le rationnel, qui lui donne à son tour sa mesure.   *L'Homme révolté*, Albert Camus

IRRÉPARABLE

Il existe l'irréparable. Mais il n'y a là rien de gai ou de triste, c'est l'essence même des choses.   *Citadelle*, Antoine de Saint-Exupéry

ITALIE

Le mystère est toujours résolument italien.

Le Hussard sur le toit, Jean Giono

En Italie, en trente ans sous les Borgia, ils ont eu la guerre, la terreur, les meurtres mais ils ont produit Michel-Ange, Léonard de Vinci et la Renaissance. En Suisse, ils ont eu l'amour fraternel, cinq cents ans de démocratie et de paix. Et qu'ont-ils produit ? L'horloge qui fait coucou ! *Le Troisième Homme*, Graham Greene

Les Italiens se ruinent d'ordinaire par trois moyens : ou par les femmes, ou par le jeu, ou en devenant fermiers. Ma famille a choisi le moyen le plus lent.   Jean XXIII

J

JALOUSIE

La jalousie, comme la maladie, s'aiguise avec le soir.

Journal, Paul Léautaud

JEU

L'ironie est une leçon, la parodie un jeu.   Vladimir Nabokov

Les hommes plaisantent parfois de leurs affaires et de la politique, jamais de leurs jeux.

Bréviaire du révolutionnaire, Bernard Shaw

Le jeu, c'est tout ce qu'on peut faire, sans y être obligé.

Les Aventures de Tom Sawyer, Mark Twain

JEUNE

Personne ne sait qu'il est jeune, quand il est jeune.

Orthodoxie, Gilbert K. Chesterton

Être jeune, c'est en somme se replonger dans l'élémentaire.

Docteur Faustus, Thomas Mann

On met longtemps à devenir jeune.   Pablo Picasso

L'argile fondamentale de notre œuvre, c'est la jeunesse.

La Guerre de guérillas, Che Guevara

JOIE

On appelle bonheur un concours de circonstances qui permettent la joie. Mais on appelle joie cet état de l'être qui a besoin de rien pour être heureux.   *Divers*, André Gide

La joie est tributaire de la souffrance. La souffrance est partie essentielle de la joie.   *La Puissance et la Gloire*, Graham Greene

JOURNALISTES

Il y a ceux qui gribouillent et il y a ceux qui bafouillent...
Charles de Gaulle

J'appelle journalisme tout ce qui sera moins intéressant demain qu'aujourd'hui.   *Journal*, André Gide

JOURNAUX

Rien n'est peut-être aussi vieux que le journal d'aujourd'hui.
Cahiers de la quinzaine, Charles Péguy

Les journaux sont incapables, apparemment, de faire la différence entre un accident de bicyclette et le déclin d'une civilisation.
Bernard Shaw

JOURS

Tous les jours rencontrent leur fin.   *Ulysse*, James Joyce

JUGEMENT

N'attendez pas le jugement dernier. Il a lieu tous les jours.
La Chute, Albert Camus

La témérité des jugements que nous portons sur les autres est en raison directe des illusions que nous avons sur nous-mêmes.
Pensées et Maximes, Théophile Funck-Brentano

JUIF

J'appartiens à ce peuple qu'on a souvent appelé, élu. Élu ? Enfin disons en ballottage.   Tristan Bernard

Les juifs étaient restés ce qu'ils avaient été de tout temps, c'est-à-dire un peuple d'élite, sûr de lui-même, dominateur
Conférence de presse, 1967, Charles de Gaulle

Être juif est une passion. Un orgueil qui coûte cher. Un honneur et des bassesses. Une souffrance, un délire. Les juifs n'en finissent pas d'être crucifiés par un monde qu'ils comprennent, transforment et dominent mieux que personne.

Histoire du juif errant, Jean d'Ormesson

Nous sommes tous des juifs allemands ! *Slogan de mai 68*

JURÉ

En tout Français, il y a un juré qui s'ignore.

Pensées, Alfred Capus

JURIDISME

Vous avez juridiquement tort, parce que vous êtes politiquement minoritaire. André Laignel

JUSTE

On ne peut être juste, tout seul. A l'être tout seul, on cesse de l'être.

Éloge de la philosophie, Maurice Merleau-Ponty

J'entends me maintenir à la ligne du juste milieu.

Valéry Giscard d'Estaing

JUSTICE

La justice ne va pas sans révolte. *Actuelles*, Albert Camus

L'amour est injustice, mais la justice ne suffit pas.

Carnets, Albert Camus

Je crois en la justice, mais je défendrais ma mère avant la justice.

Discours à Stockholm, 1957, Albert Camus

Les enfants sont naïfs et aiment la justice, alors que les adultes sont pervers et préfèrent le pardon.

Orthodoxie, Gilbert K. Chesterton

Les balances de la justice trébuchent et pourtant on dit : « raide comme la justice ». La justice serait-elle ivre ?

L'affaire est l'affaire, Alfred Jarry

Il y a des moments où la violence est la seule façon d'assurer la justice sociale. *Tradition et talents individuels*, T.S. Eliot

Comme les hommes aiment la justice, quand ils jugent les crimes d'autrefois ! *Boulevard Durand*, Armand Salacrou

JUSTIFIER

L'histoire justifie ce qu'on veut !

Regards sur le monde actuel, Paul Valéry

L

LÂCHETÉ

Toute possibilité de lâcheté devient une magnifique espérance à qui s'y connaît. Il ne faut jamais se montrer difficile sur les raisons d'une persécution dont on est l'objet. Y échapper suffit.

Voyage au bout de la nuit, Louis-Ferdinand Céline

Il était simplement un lâche, et c'était la pire chance qu'un homme puisse avoir. *L'Adieu aux armes*, Ernest Hemingway

La lâcheté, à distinguer de la panique, c'est presque toujours l'impossibilité d'arrêter le fonctionnement de l'imagination.

Ernest Hemingway

On n'a pas été lâches, on a fait ce qu'on a pu.

Ecuador, Henri Michaux

C'est ma mort qui décidera : si je meurs proprement, j'aurai prouvé que je ne suis pas un lâche. *Huis clos*, Jean-Paul Sartre

LACUNE

Le seul manque d'un mot fait mieux vivre une phrase : elle s'ouvre plus vaste et propose à l'esprit d'être un peu plus esprit pour combler la lacune. *Dialogues*, Paul Valéry

LA FAYETTE

La Fayette, nous voici !

Déclaration de 1917, colonel américain Stanton

LAÏCITÉ

La vraie laïcité, c'est d'empêcher que les gens utilisent leur foi pour adresser aux autres des messages d'intolérance.

Jacques Delors

LAIDEUR

La laideur a ceci de supérieur à la beauté, c'est qu'elle dure.

Carnets impudiques, Jean-Edern Hallier

LANGAGE

Les erreurs de langage sont des crimes.

Les Petits Chevaux de Tarquinia, Marguerite Duras

Tenir le langage est, pour le gouvernement, nécessité.

La Cuisinière et le Mangeur d'hommes, André Glucksmann

Le problème du langage est dans le cerveau, pas dans la mandibule.

Le Geste et la Parole, André Leroi-Gourhan

C'est le langage qui aurait créé l'homme, plutôt que l'homme le langage.

Jacques Monod

C'est le langage qui a besoin d'être simple et les opinions un peu compliquées.

De la paille et du grain, Jean Paulhan

Le langage est notre corps et notre air, notre monde et notre pensée, notre perception et notre inconscient même.

Logiques, Philippe Sollers

Le poète se consacre et se consume à définir et à construire un langage dans le langage.

Variété, Paul Valéry

Le langage n'étant qu'un besoin de communication, c'est le besoin de communiquer et les choses qu'un être veut communiquer qui sont vraiment spécifiques.

Les Animaux dénaturés, Vercors

LANGUE

La langue que le génie a conquise ne lui permet nullement de tout dire : elle lui permet de dire tout ce qu'il veut.

Les Voix du silence, André Malraux

Aucun homme connaissant à fond sa propre langue ne peut vraiment en maîtriser une autre.   Bernard Shaw

LASSITUDE

Je sais, ma lassitude est parfois un théâtre.   *Poésies*, Paul Valéry

Dieu me préserve d'une lassitude qui me déroberait ma propre mort.   *Réflexions sur la vieillesse et la mort*, Marcel Jouhandeau

LECTURE

« Dis-moi ce que tu lis, je te dirai qui tu es. » Il est vrai, mais je te connaîtrai mieux si tu me dis qui tu relis.
                                        Journal, François Mauriac

La lecture est une porte ouverte sur un monde.
                                        Mémoires intérieurs, François Mauriac

LÉGENDE

La légende essaie d'expliquer l'inexplicable. Comme elle vient d'un fond de vérité, elle retourne nécessairement à l'inexplicable.
                                        Journal, Franz Kafka

LÉGITIMITÉ

La légitimité est le mot clé des époques difficiles.
                                        Ces princes qui nous gouvernent, Michel Debré

LIBÉRAL

Bien que je croie en la liberté, j'ai des difficultés à croire en les libéraux.   Gilbert K. Chesterton

Un libéral, c'est un homme qui croit que son adversaire a raison.
                                        Paris vécu, Léon Daudet

LIBÉRATION

Je sais mal ce qu'est la liberté, mais je sais bien ce qu'est la libération.   *Antimémoires*, André Malraux

LIBERTÉ

La liberté véritable suppose une discipline adaptée à l'équipement.

Plaidoyer pour l'avenir, Louis Armand

Ma liberté ne doit pas chercher à capter l'être mais à le dévoiler.

Pour une morale de l'ambiguïté, Simone de Beauvoir

Ô mon Dieu, je suis libre, délivrez-moi de ma liberté.

Cinq Grandes Odes, Paul Claudel

Je ne crois pas, au sens philosophique du terme, à la liberté de l'homme. Chacun vit non seulement sous une contrainte extérieure, mais aussi d'après une nécessité intérieure.

Albert Einstein

Et par le pouvoir d'un mot,
je recommencerai ma vie,
je suis né pour te connaître,
pour te chanter,
Liberté.

Liberté, Paul Eluard

Tant que l'État existe, pas de liberté. Quand régnera la liberté, il n'y aura plus d'État.

L'État et la Révolution, Lénine

Il faut sacrifier un peu de liberté, pour atteindre son but.

Pensées, Somerset Maugham

Il y a des libertés : la liberté n'existe pas.

Écrits et discours, Benito Mussolini

La première liberté, c'est celle de la parole et de l'expression. La seconde liberté, celle d'adorer Dieu, chacun à sa manière. La troisième liberté, celle d'être à l'abri du besoin ; et la quatrième, celle de ne pas avoir peur partout à travers le monde.

Franklin D. Roosevelt

Sais-tu qu'elle ressemble beaucoup à une excuse, cette liberté dont tu te dis esclave ?

Les Mouches, Jean-Paul Sartre

Liberté veut dire responsabilité, c'est pourquoi beaucoup d'hommes en ont peur.

Bernard Shaw

LIBRE

Se vouloir libre, c'est aussi vouloir les autres libres.

Pour une morale de l'ambiguïté, Simone de Beauvoir

Être libre, c'est être informé.
La Population, Alfred Sauvy

LINGUISTIQUE

Le signe linguistique unit non une chose et un nom, mais un concept et une image acoustique.

Cours de linguistique générale, Ferdinand de Saussure

LIRE

Je suis toujours prêt à lire, mais je n'aime pas recevoir des leçons.
Winston Churchill

Je lirais plutôt un horaire ou un catalogue, que rien du tout.
Somerset Maugham

Tu ne me lirais pas, si tu ne m'avais déjà compris.
Mélange, Paul Valéry

LITOTE

Le classicisme français tend tout entier vers la litote. C'est l'art d'exprimer le plus en disant le moins.   *Incidences*, André Gide

LITTÉRAIRE

Rien ne fait littéraire, en lettres, comme l'authentique.
La rhétorique renaît de ses cendres, Jean Paulhan

En fait de doctrine littéraire, je n'ai rien à dire : je n'ai jamais eu de goût pour la cuisine des chimistes.   Saint-John Perse

Comme c'est en écrivant que l'auteur se forge ses idées sur l'art d'écrire, la collectivité vit sur des conceptions littéraires de la génération précédente.   *Situations*, Jean-Paul Sartre

LITTÉRATURE

La littérature ne permet pas de marcher, mais elle permet de respirer.   *Fragments d'un discours amoureux*, Roland Barthes

C'est avec les beaux sentiments qu'on fait de la mauvaise littérature.
Journal, André Gide

Une conscience inutile et qui ne peut pas ne pas être et qui se manifeste, c'est cela la littérature.
Notes et contre-notes, Eugène Ionesco

La littérature, en fin de compte, ça doit être quelque chose comme l'ultime possibilité de jeu offerte, la dernière chance de fuite.
Le Livre des fuites, Jean-Marie Le Clézio

La grande littérature est simplement du langage chargé de sens au plus de gré possible.
L'ABC de la lecture, Ezra Pound

Les grands littérateurs n'ont jamais fait qu'une seule œuvre ou plutôt n'ont jamais que réfracté une même beauté qu'ils apportent au monde.
A la recherche du temps perdu, Marcel Proust

Ce n'est pas avec les bons sentiments qu'on fait de la bonne littérature, ni avec les mauvais, mais avec les violents, avec l'ultime.
Dernières Nouvelles de l'homme, Alexandre Vialatte

LIVRE

Le livre est l'opium de l'Occident.
La Vie littéraire, Anatole France

La terre nous apprend plus long que tous les livres.
Terre des hommes, Antoine de Saint-Exupéry

LOGIQUE

Peut-être découvrirons-nous, un jour, que la même logique est à l'œuvre dans la pensée mythique et dans la pensée scientifique.
Anthropologie structurale, Claude Lévi-Strauss

LOISIRS

L'utilisation intelligente des loisirs est le dernier produit de la civilisation.
Milan Kundera

LOUANGES

Quand on m'attaque, je peux me défendre et je suis sans défense devant les louanges.   Sigmund Freud

Les gens sollicitent des critiques, mais ils ne désirent que vos louanges.   *Esclavage humain*, Somerset Maugham

Je ne déteste pas un peu de louange, pourvu qu'elle soit servile.
                                                   Adlai Stevenson

LUCIDITÉ

J'installe ma lucidité au milieu de ce qui la nie.
                            Le Mythe de Sisyphe, Albert Camus

La lucidité est le lieu de rencontre de la conscience et de la sensualité.   Norman Mailer

LUMIÈRE

Il n'y a pas de lumière sans ombre.   Louis Aragon

C'est la nuit qu'il est beau de croire en la lumière.
                            Cyrano de Bergerac, Edmond Rostand

LUNE

La lune est le soleil des statues.
                        Essai de critique indirecte, Jean Cocteau

De deux choses lune,
l'autre c'est le soleil.   *Paroles*, Jacques Prévert

Chacun de nous est une lune, avec une face cachée que personne ne voit.   *Autobiographie*, Mark Twain

LUXE

Le luxe est le pain de ceux qui vivent de brioche.
                                    Voici l'homme, André Suarès

LYRISME

Le propre du lyrisme est l'inconscience, mais une inconscience contrôlée.   *Conseils à un jeune poète*, Max Jacob

M

MACHINE

On doit appeler machine, dans le sens le plus étendu, toute idée sans penseur.
Propos sur la religion, Alain

Il n'est pas exact de dire que les machines suppriment, par elles-mêmes, toute joie au travail. Ce sont les conditions imposées par une rationalisation étroitement techniciste qui approfondissent la scission entre l'ouvrier et la machine.
Écrits sur l'Histoire, Fernand Braudel

La machine a gagné l'homme. L'homme s'est fait machine, il fonctionne et ne vit plus.
Gandhi

La machine n'est pas un but... C'est un outil, comme la charrue.
Terre des hommes, Antoine de Saint-Exupéry

Les hommes demanderont de plus en plus aux machines de leur faire oublier les machines.
Logiques, Philippe Sollers

MAIN

Ces mains qui me fermeront les yeux et ouvriront mes armoires...
Sacha Guitry

Tout ce que nous savons d'autrui est de seconde main. Si par hasard un homme se confesse, il plaide sa cause.
Marguerite Yourcenar

MAISON

Pendant que vous irez courir l'aventure, il faut que quelqu'un reste pour garder la vieille maison.
Discours au congrès de Tours, 1920, Léon Blum

MAJORITÉ

La minorité a quelquefois raison, la majorité a toujours tort.

Maximes pour révolutionnaires, Bernard Shaw

MAL

C'est le mal seul, à dire vrai, qui exige un effort, puisqu'il est contre la réalité.

Le Soulier de satin, Paul Claudel

Le bien et le mal sont des distinctions arbitraires.

Jean Barois, Roger Martin du Gard

Le renversement nietzschéen de toutes les valeurs marque la frontière entre deux natures d'esprit, ceux pour qui le mal reste le mal et ceux aux yeux de qui il n'y a pas de faute, hors de ce qui lèse la collectivité.

Nouveaux Mémoires intérieurs, François Mauriac

MALADE

Les malades sont toujours optimistes. Peut-être que l'optimisme est aussi une maladie.

Promenades philosophiques, Remy de Gourmont

MALHEUR

Le malheur a habituellement deux effets : souvent il éteint toute affection envers les malheureux, et non moins souvent il éteint chez les malheureux toute affection envers les autres.

Lettres de prison, Antonio Gramsci

Le malheur, comme la piété, peut devenir une habitude.

La Puissance et la Gloire, Graham Greene

Le malheur, c'est un bonheur ancien qui ne veut pas recommencer.

Le Crépuscule des nymphes, Pierre Louÿs

Tout est une affaire de point de vue, et le malheur n'est souvent que le signe d'une fausse interprétation de la vie.

Textes sous une occupation, Henry de Montherlant

MANQUE

Nos manques nous servent presque autant que nos biens.
Changer la vie, Jean Guéhenno

MARI

Les maris sont comme le feu, ils s'éteignent si on ne s'en occupe pas. Zsa-Zsa Gabor

MARIAGE

Le mariage c'est l'état, c'est le trône de la femme.
Le Mal court, Jacques Audiberti

Je crois au mariage qui dure car je crois au miracle.
Sacha Guitry

Le mariage est une bonne chose, il ne faut pas en faire une habitude. Somerset Maugham

Ceux que Dieu a unis, aucun homme ne peut les séparer. Dieu s'en charge. *Getting married*, Bernard Shaw

C'est le propre des femmes de se marier le plus vite possible. C'est le propre des hommes d'éviter le mariage le plus longtemps possible. *Man and Superman*, Bernard Shaw

MARTYR

Ce sont les martyrs qui font la foi, plutôt que la foi ne fait les martyrs. *Essais*, Miguel de Unamuno

MARXISME

Peut-être le moment est-il venu de découvrir ce qui du champ dégagé par Marx s'est peu à peu recouvert par l'empirisme, le dogme, l'idéologie. *Pour Marx*, Louis Althusser

L'optimisme que le marxisme professe, contrairement au fascisme, sur l'avenir de l'homme est un optimisme collectif, recouvrant un pessimisme radical de la personne.
Révolution personnaliste et communautaire, Emmanuel Mounier

MASSES

La maturité des masses consiste en leur capacité de reconnaître leurs propres intérêts. *Le Zéro et l'Infini*, Arthur Koestler

MASTURBATION

La seule drogue qu'on ait toujours sur soi.
Carnets impudiques, Jean-Edern Hallier

Ce que j'aime dans la masturbation, c'est qu'on n'est pas obligé de parler après. Milos Forman

MATHÉMATIQUES

C'est dans les mathématiques que réside vraiment le principe créateur. Albert Einstein

MÉDECIN

Le médecin est l'ennemi de Dieu, il se bat contre la mort.
Albert Camus

Les médecins sont les hommes d'affaires de la science.
Derrière cinq barreaux, Maurice Sachs

MÉDIOCRE/MÉDIOCRITÉ

Seul le médiocre est toujours à son avantage.
Pour Lucrèce, Jean Giraudoux

En prison, pour médiocrité.
La Reine morte, Henry de Montherlant

Une médiocrité bien gérée est toujours le meilleur atout.
Dernières Nouvelles de l'homme, Alexandre Vialatte

MÉMOIRE

La mémoire de chaque homme, c'est sa littérature personnelle.
Aldous Huxley

Quels livres valent d'être écrits, hormis les mémoires ?
Les Conquérants, André Malraux

L'homme d'action tient rarement un journal. C'est presque toujours plus tard, du fond d'une période d'inactivité, qu'il se souvient, note et s'étonne.　　　　　　　Marguerite Yourcenar

MENSONGE

La vérité, comme la lumière, aveugle. Le mensonge au contraire est un beau crépuscule qui met chaque objet en valeur.
La Chute, Albert Camus

Parfois le mensonge explique, mieux que la vérité, ce qui se passe dans l'âme.　　　　　　*Les Vagabonds*, Maxime Gorki

Il faut s'amuser à mentir aux femmes. On a l'impression qu'on se rembourse.　　　　　　　*Elles et toi*, Sacha Guitry

Les grandes masses seront plus facilement victimes d'un gros mensonge que d'un petit.　　　　　*Mein Kampf*, Adolf Hitler

Je hais ces mensonges qui nous ont fait tant de mal.
Discours juin 1940, Philippe Pétain

L'homme finit par croire les mensonges qu'il se dit à lui-même.
Bernard Shaw

Le mensonge mène l'intérêt comme l'intérêt la politique. Le mensonge est donc la loi de la politique.
Voici l'homme, André Suarès

Il y a trois sortes de mensonges : les mensonges, les gros mensonges et les statistiques.　　*Autobiographie*, Mark Twain

MER

« Homme libre, tu chériras la mer. » Affirmation péremptoire et gratuite. Un homme libre peut très bien détester la mer.
Le Confort intellectuel, Marcel Aymé

La mer est un sculpteur abstrait.
Dernières Nouvelles de l'homme, Alexandre Vialatte

MERDE

Là où ça sent la merde, ça sent l'être.

Pour en finir avec le jugement de Dieu, Antonin Artaud

Il se peut que tu aimes la marine française, mais la marine française te dit merde. *Marius*, Marcel Pagnol

MÈRE

Les mères des soldats tués sont juges de la guerre.

Le Procès de Lucullus, Bertolt Brecht

La mère est peut-être notre industrie la plus importante, dont la pointe se situe aux approches de la fête des Mères. Dans la vie courante toute insinuation que votre mère n'est pas le réceptacle de toutes les vertus et de tous les attraits peut excuser un assassinat. *Un Américain à New York*, John Steinbeck

MÉTAPHYSIQUE

La métaphysique n'est pas une discussion stérile sur des notions abstraites qui échappent à l'expérience, c'est un effort vivant pour embrasser du dedans la condition humaine dans sa totalité.

Qu'est-ce que la littérature ?, Jean-Paul Sartre

MÉTISSAGE

La richesse, c'est le métissage, c'est-à-dire la tolérance pour comprendre et devenir l'autre. Michel Serres

MILITAIRE

Pour être militaire, faites la guerre, pas de politique et surtout pas de gouvernement. Saint-John Perse cité par Jean-François Deniau dans *Un héros très discret*

MINISTRE

Un ministre est toujours en équilibre entre un cliché et une indiscrétion. Harold Macmillan

MINORITÉ

La minorité a quelquefois raison, la majorité a toujours tort.

Maximes pour révolutionnaires, Bernard Shaw

MIRACLE

En Israël, pour être réaliste, il faut croire aux miracles.
Années de lutte, David Ben Gourion

Les miracles se produisent parfois, mais il faut travailler dur pour les obtenir.
Chaïm Weizmann

MIROIR

Les miroirs et la fornication sont abominables car ils multiplient le nombre des gens.
Fictions, Jorge Luis Borges

MOBILISATION

La mobilisation n'est pas la guerre.
Appel au pays, 1914, Raymond Poincaré

MODE

La mode, c'est ce qui se démode.
Les Cocus du vieil art moderne, Salvador Dali

MODESTIE

Être véritablement modeste, c'est comprendre que le sentiment que nous avons de notre propre supériorité ne vaut que pour nous.
Remarques sur l'action, Bernard Grasset

C'est difficile d'être modeste quand on n'est personne.
Journal, Jules Renard

MŒURS

On a le courage de ses opinions, de ses mœurs point.
Corydon, André Gide

En matière de mœurs, faites toujours comme les autres, en art jamais.
Journal, Jules Renard

MONARCHIE

La monarchie constitutionnelle est un moyen de combiner l'inertie d'une idole de bois avec la crédibilité en une idole de chair et de sang.
Bréviaire du révolutionnaire, Bernard Shaw

MONDE

Le sexe et la mort : la porte de devant et la porte de derrière du monde.
Monnaie de singe, William Faulkner

Le monde n'est pas tout l'univers. Peut-être existe-t-il un endroit où le Christ n'est pas mort.
La Puissance et la Gloire, Graham Greene

Le monde a commencé sans l'homme et s'achèvera sans lui.
Tristes Tropiques, Claude Lévi-Strauss

Le monde est une iniquité. Si tu l'acceptes, tu es complice ; si tu le changes, tu es bourreau.
Le Diable et le bon Dieu, Jean-Paul Sartre

Le temps du monde fini commence.
Regards sur le monde actuel, Paul Valéry

Le monde est fait avec des astres et des hommes.
La Multiple Splendeur, Émile Verhaeren

MONNAIE

A terme, une monnaie finit toujours par être le reflet de la productivité de l'économie qui l'émet.
Michel Rocard

MONOPOLE

Vous n'avez pas le monopole du cœur.
Déclaration télévisée à François Mitterrand le 10 mai 1974,
Valéry Giscard d'Estaing

MONTÉE

Tout ce qui monte converge.
L'Apparition de l'homme, Pierre Teilhard de Chardin

MONUMENT

Quoi qu'on fasse, on reconstruit toujours les monuments à sa manière. Mais c'est déjà beaucoup de n'employer que des pierres authentiques.
Marguerite Yourcenar

MORALE

Le propos de toute morale, c'est de considérer la vie humaine comme une partie que l'on peut gagner ou perdre et d'enseigner à l'homme le moyen de gagner.

Pour une morale de l'ambiguïté, Simone de Beauvoir

Ou bien la morale n'a aucun sens ou bien c'est cela qu'elle veut dire, elle n'a rien d'autre à dire : ne pas être indigne de ce qui nous arrive.

Logique du sens, Gilles Deleuze

Est moral ce qui fait qu'on se sent bien, immoral ce qui fait qu'on se sent mal.

Mort dans l'après-midi, Ernest Hemingway

La morale est le contraire du bonheur.

Jésus rastaquouère, Francis Picabia

Je ne prétends pas avoir compris tout de suite que la morale n'existe pas, qu'elle diffère d'un pays à l'autre, d'une époque à l'autre, et qu'elle est, encore une fois, en train de changer.

Un homme comme les autres, Georges Simenon

MORT

Pour soi, la mort n'existe pas.

L'amour c'est plus que l'amour, Jacques Chardonne

La mort : un manque de savoir-vivre.

Pierre Dac

Il y a plus de personnes mortes que vivantes, et leur nombre augmente.

Rhinocéros, Eugène Ionesco

La mort, qui est le but de la passion, la tue.

L'Amour et l'Occident, Denis de Rougemont

Voulez-vous que je vous dise pourquoi vous n'avez pas peur de la mort ? Chacun de vous pense qu'elle tombera sur le voisin.

Le Diable et le bon Dieu, Jean-Paul Sartre

L'homme est adossé à sa mort, comme le causeur à la cheminée.

Tel quel, Paul Valéry

MOTS

Les mots, ces gouttes de silence à travers le silence...

Un thé au Sahara, Paul Bowles

Les mots peuvent ressembler aux rayons X, ils transpercent n'importe quoi.   *Le Meilleur des mondes*, Aldous Huxley

Tout a été dit. Sans doute. Si les mots n'avaient pas changé de sens et le sens, de mots.   *Clefs de la poésie*, Jean Paulhan

Sous les mots que l'on dit, il y a la chose commune et inexprimée.

Salem, Harold Pinter

Entre deux mots, il faut choisir le moindre.

Tel quel, Paul Valéry

Je me demande si je ne suis pas en train de jouer avec les mots ? Et si les mots étaient faits pour ça ?

Les Bâtisseurs d'Empire, Boris Vian

MOURIR

Je n'ai pas peur de mourir. Je veux seulement ne pas être présent quand cela arrivera.   *Dieu, Shakespeare et moi*, Woody Allen

MOUVEMENT

Le mouvement est antérieur à la chose qui se meut.

Ars magna, Oscar V. de Milosz

MUSIQUE

La musique est le refuge des âmes ulcérées par le bonheur.

Syllogismes de l'amertume, Émile M. Cioran

Après le silence, c'est la musique qui exprime le mieux l'inexprimable.   Aldous Huxley

L'expression n'a jamais été la propriété immanente de la musique

Poétique musicale, Igor Stravinski

Faire de la musique, c'est comme faire l'amour. Les gestes sont toujours les mêmes mais chaque fois c'est différent.

Artur Rubinstein

MYSTÈRE

Les mystères s'expliquent moins par eux-mêmes qu'en expliquant tout le reste, comme une lampe s'explique mieux par sa mèche que par sa lumière. *Positions et propositions*, Paul Claudel

MYSTICISME

Le mysticisme n'est pas une religion, mais une maladie de la religion. *La Vie de la raison*, George Santayana

MYTHOLOGIE

La théorie des pulsions, c'est notre mythologie.

Nouvelles Conférences, Sigmund Freud

N

NAISSANCE

Nous ne naissons pas seul. Toute naissance est une connaissance.
Art poétique, Paul Claudel

C'est le degré de culture et de prévoyance, plus que le degré d'aisance, qui paraît régler la restriction des naissances.
La Population, Alfred Sauvy

Vivre, c'est naître lentement. Il serait un peu trop aisé d'emprunter des âmes toutes faites.
Pilote de guerre, Antoine de Saint-Exupéry

NAÏVETÉ

Il faut beaucoup de naïveté pour faire de grandes choses.
L'Esprit contre la raison, René Crevel

Il faut une naïveté considérable pour croire qu'un agrégé de philosophie est nécessairement une personne respectable.
Notes-programme, Paul Nizan

NAPOLÉON

Sauf pour la gloire, sauf pour l'art, il eût probablement mieux valu qu'il n'eût jamais existé. *Napoléon*, Jacques Bainville

NATION

Les Nations unies furent créées non pas pour nous emmener au paradis, mais pour nous préserver de l'enfer. Winston Churchill

Les nations comme les hommes meurent d'imperceptibles impolitesses. *La guerre de Troie n'aura pas lieu*, Jean Giraudoux

Les nations pauvres n'ont pas toujours raison, par le fait qu'elles sont pauvres. Les nations riches n'ont pas toujours tort, par le fait qu'elles sont riches.

Jacques Julliard

L'esprit donne l'idée d'une nation, mais ce qui fait sa force c'est la communauté de rêve. *La Tentation de l'Occident*, André Malraux

Tout peuple qui devient une nation en se soumettant à un État centralisé devient aussitôt un fléau pour ses voisins.

Écrits historiques et politiques, Simone Weil

NATIONALISME

Le nationalisme est une attitude de défense, rendue nécessaire par la faiblesse de l'État français. *Journal 1911*, Jacques Bainville

Je glisse du nationalisme au catholicisme. C'est que le nationalisme manque d'infini. *Mes cahiers*, Maurice Barrès

Le nationalisme est une maladie infantile. La rougeole de l'humanité.

Albert Einstein

Le nationalisme, c'est un patriotisme qui a perdu sa noblesse.

Décadence et renaissance de la culture, Albert Schweitzer

NATURE

Les hommes aiment tous d'un amour inexplicable cette nature qui refuse l'idée. Ils voudraient bien mettre leur espoir en ce qui ne leur promet rien. *Entretiens au bord de la mer*, Alain

C'est le propre de la nature humaine de penser correctement et d'agir follement.

Sigmund Freud

Tous les secrets de la nature gisent à découvert.

Les Nouvelles Nourritures, André Gide

On ne doit demander aux êtres que ce qui est conforme à leur nature ; aux femmes, par exemple, l'amour et non l'équité.

Journal, Ernst Jünger

La nature est toutes alternances, toutes contradictions et détentes.
Aux fontaines du désir, Henry de Montherlant

Tout régime social est fatalement condamné à refléter ce qu'il y a d'irrémédiablement nouveau dans la nature humaine.
Les Thibault, Roger Martin du Gard

NAUFRAGE

La vieillesse est un naufrage
Mémoires de guerre, Charles de Gaulle

NAVIRE

Les femmes ont toujours aimé mieux le navire que le pilote.
Sodome et Gomorrhe, Jean Giraudoux

Mon beau navire, ô ma mémoire,
avons-nous assez navigué,
dans une onde mauvaise à boire,
avons-nous assez divagué,
de la belle aube au triste soir.
Alcools, Guillaume Apollinaire

NÉANT

On ne pense pas d'une manière continue, pas davantage qu'on ne sent d'une manière continue ou qu'on ne vit d'une manière continue. Il y a des coupures, il y a intervention du néant.
Positions et propositions, Paul Claudel

Le plus grand mystère n'est pas que nous soyons jetés au hasard entre la profusion de la matière et celle des astres ; c'est que de cette prison nous tirions de nous-mêmes des images assez puissantes pour nier le néant.
Les Noyers de l'Altenburg, André Malraux

Le christianisme attire les foules de ceux qui croient que l'Évangile les autorise à se glorifier du néant.
Mes grands hommes, François Mauriac

L'être est et le néant n'est pas.
L'Être et le Néant, Jean-Paul Sartre

NÉCESSITÉ

Les hommes passent, les nécessités nationales demeurent.

Pierre Mendès France

Une nécessité encore, au bout de la nuit, fait que le jour se fait. Il ne faut cesser de s'enfoncer dans la nuit. C'est alors que brusquement la lumière se fait. Un pas de plus pour se perdre et l'on se trouve. *Pour un Malherbe*, Francis Ponge

NÉGOCIER

On peut négocier après une grève, jamais avant.

Eugène Descamps

On ne peut discuter avec quelqu'un qui dit : « Ce qui est à moi est à moi et ce qui est à vous est négociable. » John F. Kennedy

NÉGRO-AFRICAIN

Le Négro-Africain ne se distingue pas de l'objet. Il ne le tient pas à distance. Léopold Sédar Senghor

Tout est signe et sens en même temps, pour le Négro-Africain.

Éthiopiques, Léopold Sédar Senghor

NEUF

Il n'y a d'éternellement neuf que l'éternellement vieux.

Journal, Charles-Ferdinand Ramuz

NEUTRALITÉ

La neutralité est un mensonge. Il n'y a pas d'État sans doctrine d'État. *La Dentelle du rempart*, Charles Maurras

Pour un mot « neutralité », qui, en cas de conflit, ne vaut pas plus qu'un chiffon de papier, la Grande-Bretagne va faire la guerre.

Déclaration en 1914 du chancelier allemand
Theobald von Bethmann-Hollweg

NEW YORK

Il est ridicule de choisir le sujet d'un roman policier dans New York. New York même est un roman policier.   Agatha Christie

New York, un diamant gros comme une poubelle.

Richard Bohringer

NIER

Nier, c'est encore affirmer.   *Pensées*, Alfred Capus

N'IMPORTE

Le royaume de n'importe quoi est habité par le peuple de n'importe qui.   *Tel quel*, Paul Valéry

NOBLESSE

La vraie noblesse est basée sur le dedans, le courage et une profonde indifférence.   *L'Homme révolté*, Albert Camus

NŒUD

Les enfants et les fous tranchent le nœud gordien que les poètes essaient de délier leur vie durant.

Le Secret professionnel, Jean Cocteau

NOIR

Le noir n'est pas une couleur.   Georges Clemenceau

NOMBRE

Je crois à la vertu du petit nombre. Le monde sera sauvé par quelques-uns.   *Journal*, André Gide

Tout pays où la diminution du nombre paraîtrait favorable en soi se trouve pris dans le dilemme : croître ou vieillir.

La Population, Alfred Sauvy

NOMINATION

Tout exprime, s'exprime ou cherche à s'exprimer et la nomination, qui est l'acte le plus humain, est aussi la communion de l'homme avec l'univers.   *L'Existentialisme...*, Jean-Paul Sartre

NON

Penser, c'est dire non.

Propos sur la religion, Alain

Il dit non avec la tête,
Il dit oui avec son cœur,
Il dit oui à ce qu'il aime,
Il dit non au professeur.

Paroles, Jacques Prévert

NON-SENS

Le non-sens est l'aboutissement de chaque sens possible.

Somme athéologique, Georges Bataille

Quelque chose a du sens, enfin, que nous devons conquérir sur le non-sens.

L'Homme révolté, Albert Camus

NOSTALGIE

Quel mur s'impose donc toujours entre les êtres humains et leur désir le plus intime, leur effroyable volonté de bonheur ? Est-ce une nostalgie cultivée depuis l'enfance ?

La Garde du cœur, Françoise Sagan

La nostalgie n'est plus ce qu'elle était.

Titre du roman de Simone Signoret

NOTIONS

Un esprit en mal de notions doit d'abord s'approvisionner d'apparences.

Tome premier, Francis Ponge

NOUS

Le miracle, ce n'est pas Dieu, c'est nous.

Algèbre des valeurs morales, Marcel Jouhandeau

Qui, nous ? Vous, c'est nous, et nous, c'est vous.

Le Monument, Elsa Triolet

NOUVEAUTÉ

Il faut se méfier des nouveautés inutiles, spécialement de celles qui decoulent de la logique.

Winston Churchill

Ce n'est pas dans la nouveauté, c'est dans l'habitude que nous trouvons les plus grands plaisirs.

Le Diable au corps, Raymond Radiguet

NOUVELLE

En annonçant de bonnes nouvelles, on se rend aimable. En en annonçant de mauvaises, on se rend important.

Carnets, Henry de Montherlant

La nouvelle opère à chaud, le roman à froid. La nouvelle est une nacelle trop exiguë pour embarquer tout l'homme : une révolte, oui, la révolution, non.

Ouvert la nuit, Paul Morand

NU

Qui sait si notre vie la plus réfléchie et les ouvrages qu'elle produit ne doivent pas autant à l'étude attentive du nu qu'à celle des livres et qu'à l'audition de la meilleure musique.

Jaune, bleu, blanc, Valery Larbaud

Le nu n'avait en somme que deux significations : tantôt le symbole du beau, tantôt celui de l'obscène.

Degas, danse, dessin, Paul Valéry

NUAGES

Être ou ne pas être, dans les nuages.

Paroles, Jacques Prévert

NUDISME

Dénués d'intérêt, ils se dénudent intégralement...

San Antonio, Frédéric Dard

NUIT

Grande mer, toujours labourée, toujours vierge, ma religion avec la nuit.

L'Été, Albert Camus

La nuit, toute chose prend sa vraie forme et son vrai aspect.

L'Anneau du pêcheur, Selma Lagerlöf

C'est la nuit qu'il est beau de croire en la lumière.

Cyrano de Bergerac, Edmond Rostand

Qui veille la nuit a pour lui toute la place.

Le rossignol se tait à l'aube, Elsa Triolet

NUQUE _____

La nuque est un mystère pour l'œil.

Mauvaises Pensées et autres, Paul Valéry

OBÉIR

L'esclave qui obéit choisit d'obéir.

Pyrrhus et Cinéas, Simone de Beauvoir

Mille signes montrent que les hommes de notre époque étaient depuis longtemps affamés d'obéissance. Mais on en a profité pour leur donner l'esclavage. *L'Enracinement*, Simone Weil

OBJECTIFS

L'art, la science sont objectifs comme les femmes.

Râteliers platoniques, Francis Picabia

OBJECTION

Les objections naissent souvent de cette simple cause, que ceux qui les font n'ont pas trouvé eux-mêmes l'idée qu'ils attaquent.

Tel quel, Paul Valéry

OBJET

Le nom, c'est ma présence totale, rassemblée magiquement dans l'objet. *Pyrrhus et Cinéas*, Simone de Beauvoir

C'est en rentrant dans l'objet qu'on rentre dans sa propre peau.

Henri Matisse

Chaque objet est le miroir de tous les autres.

Structure et comportement, Maurice Merleau-Ponty

Ce n'est pas dans l'objet que réside le tout des choses, mais dans la démarche. *Citadelle*, Antoine de Saint-Exupéry

OBLIQUE

La vie personnelle, l'expression, la connaissance et l'histoire avancent obliquement et non pas droit, vers des fins ou des conceptions.
Signes, Maurice Merleau-Ponty

OBSCÉNITÉ

L'obscénité n'apparaît que si l'esprit méprise et craint le corps, si le corps hait l'esprit et lui résiste.
L'Amant de lady Chatterley, D.H. Lawrence

L'obscénité, c'est ce qui choque les vieux magistrats ignorants.
Pensées, Bertrand Russell

OBSTACLE

L'homme se découvre quand il se mesure à l'obstacle.
Terre des hommes, Antoine de Saint-Exupéry

OBSTINATION

Qui répondrait en ce monde à la terrible obstination du crime, si ce n'est l'obstination du témoignage.
Actuelles, Albert Camus

OCCIDENT

La supériorité des Occidentaux tient en dernière analyse au capitalisme, c'est-à-dire à la longue accumulation de l'épargne.
La Fortune de la France, Jacques Bainville

L'Occident est plus une région de l'esprit humain qu'une partie du monde. Ce qui le caractérise essentiellement, c'est le trait chrétien et c'est par là que l'Occident échappe à la délimitation des frontières géographiques. *L'Occident et son destin*, Henri Massis

L'Occident chrétien a manqué sa vocation.
Ce que je crois, François Mauriac

ODEUR

Une odeur a un parfum, un parfum n'a pas d'odeur.
San Antonio, Frédéric Dard

L'immortelle n'a pas d'odeur.
Les Nouvelles Nourritures, André Gide

Le pétrole me paraît être l'odeur la plus parfaite du désespoir humain.   *Petit Manuel du parfait aventurier*, Pierre Mac Orlan

L'odeur est l'intelligence des fleurs.

Carnets, Henry de Montherlant

ŒUVRE

Une œuvre d'homme n'est rien d'autre que ce long cheminement pour retrouver, par les détours de l'art, les deux ou trois images simples et grandes sur lesquelles le cœur s'est ouvert une première fois.   *L'Envers et l'Endroit*, Albert Camus

L'œuvre vaut plus que la formule.

L'Ami des peintres, Francis Carco

Les grandes œuvres sont celles qui réveillent notre génie. Les grands hommes sont ceux qui lui donnent une forme.

Semmelweiss, Louis-Ferdinand Céline

Lorsqu'une œuvre semble en avance sur son époque, c'est simplement que son époque est en retard sur elle.

Le Rappel à l'ordre, Jean Cocteau

L'œuvre est une sueur.   *Le Secret professionnel*, Jean Cocteau

Toute œuvre est un palimpseste et si l'œuvre est réussie le texte effacé est toujours un texte magique.

Un beau ténébreux, Julien Gracq

L'œuvre surgit dans son temps et de son temps, mais elle devient œuvre d'art par ce qui lui échappe.

La Métamorphose des dieux, André Malraux

Une œuvre doit porter en elle-même sa signification entière et l'imposer au spectateur avant même qu'il n'en connaisse le sujet.

Henri Matisse

Une œuvre, tant qu'elle survit, c'est une blessure ouverte, par où toute une race continue à saigner.

Mémoires intérieurs, François Mauriac

Les œuvres d'art naissent toujours de qui est allé jusqu'au bout d'une expérience.   Rainer Maria Rilke

L'écrivain doit accepter avec orgueil de porter sa propre date, sachant qu'il n'y a pas de chef-d'œuvre dans l'éternité, mais seulement des œuvres dans l'histoire.
                              Pour un nouveau roman, Alain Robbe-Grillet

L'œuvre doit s'imposer comme nécessaire, mais nécessaire pour rien.   *Pour un nouveau roman*, Alain Robbe-Grillet

OISEAU

Ma vie est un oiseau, aux filets du chasseur.
                              Poèmes de Fresnes, Robert Brasillach

Ce n'est pas de l'art qui tombe du ciel avec un chant d'oiseau, mais la plus simple modulation correctement conduite est déjà de l'art, sans conteste possible.   *Poétique musicale*, Igor Stravinski

OISIVETÉ

L'oisiveté est la mère de tous les vices, mais le vice est le père de tous les arts.   *Pensées*, Alfred Capus

L'oisiveté est le début de tous les vices, le couronnement de toutes les vertus.   *Journal*, Franz Kafka

OMBRE

Il n'y a pas de lumière sans ombre.
                              J'abats mon jeu, Louis Aragon

J'en arrivais à me demander si, dans la vie comme aux courses de taureaux, les meilleures places ne sont pas celles du côté de l'ombre.   *Jaune, bleu, blanc*, Valery Larbaud

OPÉRA

Le déraisonnable de l'opéra réside dans le fait qu'on y utilise des éléments rationnels, qu'on y cherche une certaine matérialité et un certain réalisme, alors que la musique anéantit tout cela.
                              Écrits sur le théâtre, Bertolt Brecht

OPINION

L'opinion avait cessé de rire, d'applaudir le désordre, elle commençait à avoir peur. *L'Arbre de mai*, Édouard Balladur

L'opinion déchire le personnage qu'elle invente. Jean Cocteau

Nous nous piquons à nos opinions avec d'autant plus de violence que nous les sentons plus discutées ou plus douteuses.
Entretien sur des faits divers, Jean Paulhan

L'opinion publique est souvent une force politique, et cette force n'est prévue dans aucune Constitution.
L'Opinion publique, Alfred Sauvy

L'opinion considère les grandes affaires avec une jalousie mêlée d'hostilité. *Tableau des partis en France*, André Siegfried

Le mensonge et la crédulité s'accouplent et engendrent l'opinion.
Mélange, Paul Valéry

OPPOSANT

Quand on n'est pas digne d'avoir des opposants, on a des révoltés.
Jean-François Revel

OPTIMISME

Je suis pessimiste par l'intelligence et optimiste par la volonté.
Lettres de prison, Antonio Gramsci

L'optimisme, une satanique doctrine qui mène ses fidèles de déception en déception, jusqu'à ce que la mort les déçoive pour de bon. *La Part des anges*, Hubert Monteilhet

Les optimistes sont des drôles.
Le rossignol se tait à l'aube, Elsa Triolet

OR

Pas d'or, pas de révolution !
Les Beaux Draps, Louis-Ferdinand Céline

J'étais l'homme le plus riche du monde, l'or m'a ruiné.

L'Homme foudroyé, Blaise Cendrars

ORDINAIRE

Prends donc l'habitude de considérer que les choses ordinaires arrivent aussi. *Le Hussard sur le toit*, Jean Giono

ORDINATEUR

Les ordinateurs sont inutiles, ils ne donnent que les réponses.

Pablo Picasso

ORDRE

C'est toujours par l'ennui et ses folies que l'ordre social est rompu.

Propos sur le bonheur, Alain

L'ordre est le plaisir de la raison.

Le Soulier de satin, Paul Claudel

Le désir d'ordre est le seul ordre du monde.

Chronique des Pasquier, Georges Duhamel

Ingres voulait introduire l'ordre dans le repos. Moi je voudrais introduire l'ordre dans le mouvement. *Journal*, Paul Klee

L'ordre et l'ordre seul fait, en définitive, la liberté. Le désordre fait la servitude. *Les Cahiers de la quinzaine*, Charles Péguy

L'ordre, à la longue, se met de lui-même autour des choses.

Le Diable au corps, Raymond Radiguet

Tout le secret de l'art est peut-être de savoir ordonner des émotions désordonnées. *Journal*, Charles-Ferdinand Ramuz

Le drame de l'ordre, c'est qu'une fois établi il tend à fondre comme neige au soleil. *Les Dieux et les Rois*, Jacques Rueff

L'ordre suppose un certain désordre, qu'il vient réduire.

Variété, Paul Valéry

ORGANISME

Tout organisme est une mélodie qui se chante elle-même.
Structure du comportement, Maurice Merleau-Ponty

ORGUEIL

On est orgueilleux quand on a quelque chose à perdre et humble quand on a quelque chose à gagner.
L'Américain à Paris, Henry James

Je crève d'orgueil : c'est ma façon de mourir de honte.
Le Diable et le Bon Dieu, Jean-Paul Sartre

Le plus farouche orgueil naît surtout à l'occasion d'une impuissance.
Moralités, Paul Valéry

ORIENT

La lumière vient de l'Orient.
Pierre Drieu La Rochelle

Vers l'Orient compliqué, je volais avec des idées simples.
Mémoires de guerre, Charles de Gaulle

ORIGINAL

Je suis surtout original dans ma volonté d'admettre mon ignorance.
Journal, Jules Renard

Ce que le monde appelle originalité est seulement une méthode inhabituelle de le titiller.
Bernard Shaw

ORIGINE

Aucune origine n'est belle. La beauté véritable est au terme des choses.
Anthinea, Charles Maurras

ORPHELIN

Tout le monde ne peut pas être orphelin.
Poil de carotte, Jules Renard

ORTHOGRAPHE

L'orthographe est plus qu'une mauvaise habitude, c'est une vanité.
Bâtons, chiffres et lettres, Raymond Queneau

OUBLI

Je suis comme ça, ou j'oublie tout de suite ou je n'oublie jamais.
En attendant Godot, Samuel Beckett

La grande défaite en tout, c'est d'oublier et surtout ce qui vous a fait crever. *Voyage au bout de la nuit*, Louis-Ferdinand Céline

L'oubli est la condition indispensable de la mémoire.
La Chandelle, Alfred Jarry

OUI

Le signe « oui » est d'un homme qui s'endort ; au contraire, le réveil secoue la tête et dit non. *Propos sur la religion*, Alain

Avec le rond d'un simple oui, nous achetons la vie éternelle.
Conversation dans le Loir-et-Cher, Paul Claudel

Quand on vous dit « oui », ne comprenez pas « non ». Abba Eban

« Oui » à la majorité, mais avec la ferme volonté de peser sur ses orientations. *Conférence de presse, 1967*, Valéry Giscard d'Estaing

P

PACTE

Chaque grand pacte intègre le monde d'une façon qui n'est qu'à lui. *Le Goût de l'un*, Pierre Emmanuel

PAIX

Vous ne me dégoûterez pas de la guerre. On dit qu'elle anéantit les faibles, mais la paix en fait tout autant.
Mère Courage et ses enfants, Bertolt Brecht

Nous aurons la paix, même s'il faut nous battre pour l'avoir.
Dwight Eisenhower

La paix ? L'intervalle entre deux guerres.
Amphitryon 38, Jean Giraudoux

PAPE

Le pape a combien de divisions ? Joseph Staline

PARADIS

J'ai toujours imaginé le paradis comme une sorte de bibliothèque.
Fictions, Jorge Luis Borges

Quand l'homme essaie d'imaginer le paradis sur terre, ça fait tout de suite un enfer très convenable.
Conversations dans le Loir-et-Cher, Paul Claudel

On dirait que les cités d'insectes ont voulu nous offrir une caricature, une parodie anticipée des paradis terrestres vers lesquels s'acheminent la plupart des peuples civilisés.
La Vie des termites, Maurice Maeterlinck

Il n'existe, sur la planète, aucune cicatrice de paradis terrestre.
Pierre Teilhard de Chardin

Sur terre il n'y a pas de paradis, mais il y en a des morceaux.
Journal, Jules Renard

PARDON

Je crois au pardon du péché et à la rédemption de l'ignorance.
Adlai Stevenson

PARENT

Il y a un mur épais de dix pieds et haut de dix miles, entre les parents et les enfants.
Maximes pour révolutionnaires, Bernard Shaw

PARESSE

Il est impossible d'apprécier la paresse, sauf si on a beaucoup de travail à faire.
Pensées paresseuses d'un paresseux, Jerome K. Jerome

La paresse n'est rien de plus que l'habitude de se reposer avant d'être fatigué.
Journal, Jules Renard

PARIS

J'ai deux amours : mon pays et Paris.   *Chanson*, Joséphine Baker

Paris, point le plus éloigné du paradis, n'en demeure pas moins le seul endroit où il fasse bon désespérer.
Syllogismes de l'amertume, E.M. Cioran

Traçons le vrai portrait de Paris : au nord le mont Martre, au sud le mont Parnasse, entre les deux la Seine et sur la Seine la piscine Deligny.   *Dernières Nouvelles de l'homme*, Alexandre Vialatte

PAROLES

La parole n'a pas été donnée à l'homme : il l'a prise.
Le Libertinage, Louis Aragon

L'action met les ardeurs en œuvre. Mais c'est la parole qui les suscite.   *Mémoires de guerre*, Charles de Gaulle

Les paroles sont des flèches.
Le Rapport dont vous êtes l'objet, Václav Havel

Seules les paroles comptent, le reste est bavardage.
Notes et contre-notes, Eugène Ionesco

La parole est l'excès de notre existence sur l'être naturel.
Structures du comportement, Maurice Merleau-Ponty

PARTI

Comment peut-on concevoir un système de parti unique, dans un pays qui a deux cents variétés de fromages ? Charles de Gaulle

Où que ce soit, un parti est un mensonge en armes. La haine est le parti des partis. *Le Voyage du condottiere*, André Suarès

PAS

C'est un petit pas pour l'homme, mais un grand pas pour l'humanité. *Sur la Lune, 21 juillet 1969*, Neil Armstrong

PASSÉ

L'homme n'a vraiment un passé que s'il a conscience d'en avoir un.
Dimensions de la conscience historique, Raymond Aron

Le passé ne nous fascine pas, dans la mesure où il ressemble à notre temps ; ce qui nous fascine, ce sont les formes que l'homme a prises sur la terre et à travers lesquelles nous tentons de le connaître. *Le Musée imaginaire*, André Malraux

PATRIE

L'idée de patrie est liée à l'idée de la guerre.
Genève ou Moscou, Pierre Drieu La Rochelle

L'État se nomme toujours patrie quand il prépare un assassinat.
Romulus le Grand, Friedrich Dürrenmatt

PATRIOTISME

Le patriotisme, c'est l'amour des siens ; le nationalisme, c'est la haine des autres. Romain Gary

PATRONAT

Le patronat de droit divin est mort.

Déclaration au procès de Riom, Léon Blum

Un patronat dont les droits sont limités par la loi apporte à une société les précieux avantages de l'initiative et de la responsabilité.

Les Mondes impossibles, André Maurois

PAUVRE

C'est assez triste d'être pauvre. Si en plus il fallait encore se priver... *Contribuables, mes frères*, Philippe Bouvard

PAVÉ

Sous les pavés, la plage.

Slogan de mai 68

PAYEURS

Les casseurs seront les payeurs.

Jacques Chirac

PAYS

Vous pouvez arracher l'homme du pays, mais vous ne pouvez pas arracher le pays du cœur de l'homme.

Bilan d'une nation, John Dos Passos

Ne demandez pas ce que le pays peut faire pour vous, demandez ce que vous pouvez faire pour votre pays. John F. Kennedy

PEAU

Une peau épaisse est un don de Dieu.

Konrad Adenauer

PÉCHÉ

Je pleure mes péchés et ceux que j'ai commis et ceux que j'eusse aimé commettre. *Délectation, orages*, François Mauriac

Le péché n'est pas horrible, il est vide.

Les Hommes de bonne volonté, Jules Romains

PEINDRE

Faut-il peindre ce qu'il y a sur un visage, ce qu'il y a dans un visage ou ce qui se cache derrière un visage ? Pablo Picasso

Le monde n'a pas de sens. Pourquoi peindre des tableaux qui en auraient ?
Pablo Picasso

Peindre n'est pas teindre !
Prospectus pour amateurs de tout genre, Jean Dubuffet

PEINTRE

Le rôle du peintre est de projeter ce qui se voit en lui.
Au-delà de la peinture, Max Ernst

Il y a des peintres qui transforment le soleil en point jaune et d'autres qui transforment un point jaune en soleil.
Pablo Picasso

La bonne peinture, c'est comme la bonne cuisine, ça se goûte, ça ne s'explique pas.
Maurice de Vlaminck

Le peintre ne doit pas faire ce qu'il voit, mais ce qui sera vu.
Mauvaises Pensées et autres, Paul Valéry

PENSER

Je pense et pense pendant des mois, des années. Quelques-unes de mes conclusions et le contraire sont justes, parfois.
Albert Einstein

Je pense où je ne suis pas, donc je suis où je ne pense pas. Je ne suis pas là où je suis le jouet de ma pensée, je pense à ce que je suis, là où je pense ne pas penser.
Écrits, Jacques Lacan

Je suis libre-penseur, mais je sais comment penser.
Bernard Shaw

PENTE

Il est bon de suivre sa pente, pourvu que ce soit en montant.
Les Faux-Monnayeurs, André Gide

PERSONNALITÉ

Une personnalité n'est qu'une erreur persistante.
Art poétique, Max Ernst

Nous ne sommes pas d'une pièce. Plus d'une personne habite en nous, souvent en mauvais ménage avec l'autre.

Pensées, Somerset Maugham

Notre personnalité sociale est une création de la pensée des autres.

Du côté de chez Swann, Marcel Proust

PESSIMISME

Je suis pessimiste par intelligence et optimiste par la volonté.

Lettres de prison, Antonio Gramsci

Les pessimistes découvrent toujours, en cherchant bien, un petit sujet de satisfaction.   *La Part des anges*, Hubert Monteilhet

Mon pessimisme va à un point tel qu'il suspecte la sincérité des autres pessimistes.   *Inquiétudes d'un biologiste*, Jean Rostand

PEUPLE

Tout peuple sans mémoire est un peuple perdu.

Les Hussards, Jean Raspail

Qu'est-ce qu'un peuple ? Mais, comme toujours, ceux qui ne sont pas du côté du manche. A condition, bien entendu, qu'on n'entende pas celui de l'outil.   *En vrac*, Pierre Reverdy

PEUR

Il n'y a pas d'autre remède à la peur que de se jeter à corps perdu dans la volonté de Dieu.

Le Dialogue des carmélites, Georges Bernanos

Il n'y a rien qui me fasse plus peur que les gens qui ont peur.

Robert Frost

C'est du mystère seul que l'on a peur.

Vol de nuit, Antoine de Saint-Exupéry

PHALLUS

Le phallus comme signifiant donne la raison du désir.

Écrits, Jacques Lacan

Le phallus en ce siècle devient doctrinaire.

Face aux verroux, Henri Michaux

PHILOSOPHIE

L'art de trouver de mauvaises raisons à ce que l'on croit – en vertu d'autres mauvaises raisons –, c'est cela la philosophie.

Le Meilleur des mondes, Aldous Huxley

Sauvez le philosophe contre le militant et le fonctionnaire.

Éloge de la philosophie, Maurice Merleau-Ponty

La philosophie est un essai particulièrement ingénieux de penser faussement.

Autobiographie, Bertrand Russell

PHOTO

La photo est encore tourmentée par le fantôme de la peinture. Dans un premier temps, elle photographie le notable. Mais bientôt elle décrète notable ce qu'elle photographie.

Roland Barthes par Roland Barthes

PITIÉ

Les gens ont pitié des autres dans la mesure où ils auraient pitié d'eux-mêmes.

La guerre de Troie n'aura pas lieu, Jean Giraudoux

Toute passion meurt, tout amour s'épuise, mais la pitié survit à tout. Rien ne parvient à l'user. La vie la nourrit sans cesse.

Le Fond du problème, Graham Greene

La pitié c'est l'éboueur de la misère.

Maximes pour révolutionnaires, Bernard Shaw

PLAISIR

On dirait que les survivants des générations formées par le plaisir, en ne se refusant rien, ont appris à se passer de tout.

Le Dialogue des carmélites, Georges Bernanos

Il n'y a pas de plaisir plus complexe que celui de la pensée.

L'Immortel, Jorge Luis Borges

Pas de progrès dans les plaisirs, rien que des mutations.

Roland Barthes par Roland Barthes

PLANÈTE

Notre pays, c'est la planète.

François Mitterrand

PLÉBISCITE

Un plébiscite, ça se combat.

Pour préparer l'avenir, Pierre Mendès France

POÈME

Le poème, cette hésitation prolongée entre le son et le sens...

Tel quel, Paul Valéry

POÉSIE

Le but de la poésie n'est pas, comme dit Baudelaire, « de plonger au fond de l'infini pour trouver du nouveau », mais de plonger au fond du défini pour y trouver l'inépuisable.

Accompagnements, Paul Claudel

La poésie est une religion sans espoir.

Journal d'un inconnu, Jean Cocteau

La poésie n'est ni dans la pensée, ni dans les choses, ni dans les mots ; elle n'est ni philosophie, ni description, ni éloquence : elle est inflexion.

Journal, Charles-Ferdinand Ramuz

La poésie devrait être le paradis du langage. *Variété,* Paul Valéry

POÈTE

Un grand poète est moins un inventeur qu'un éclaireur.

La Quête d'Averroès, Jorge Luis Borges

Les poètes délient l'écriture et refont le nœud autrement.

Le Secret professionnel, Jean Cocteau

Le monde est dans l'homme ; tel est le poète moderne.

Art poétique, Max Jacob

Un poète ne vit guère que de sensations, aspire aux idées et en fin de compte n'exprime que ses sentiments.

Le Gant de crin, Pierre Reverdy

Un poète se consacre et se consume à définir et à construire un langage dans le langage. *Variété*, Paul Valéry

Un poète, c'est celui qui inspire, non celui qui est inspiré.

Tel quel, Paul Valéry

POILS

Les poils ont une mémoire. Ils retransmettent les odeurs.

L'amour ne fait pas grossir, Catherine Carlson

POINT DE VUE

Le point de vue le plus élevé est le moins encombrant.

Mémoires de guerre, Charles de Gaulle

POISON

Le remède est dans le poison. *Patate*, Marcel Achard

POLITICIEN

Les politiciens préfèrent gagner tout de suite, quitte à perdre après. *Révolution dans la révolution*, Régis Debray

Le politicien ne croit jamais ce qu'il dit et il est toujours étonné quand d'autres le croient. Charles de Gaulle

Les politiciens sont les mêmes partout dans le monde. Ils construisent des ponts, même là où il n'y a pas de fleuve.

Nikita Khrouchtchev

L'ennui, avec les politiciens, c'est qu'on croit faire leur caricature, alors qu'on fait leur portrait.

Potins de la commère, juin 1958, Sennep

POLITIQUE

Tout ce qui touche à la politique peut être mortel à la philosophie, car elle en vit. *Lire « Le Capital »*, Louis Althusser

Tout homme politique est un homme qui promet.

La Lune rouge de Meru, Gilbert K. Chesterton

La politique n'est ni une logique ni une morale, mais une dynamique généralement irrationnelle.   Édouard Daladier

La politique, c'est d'abord une volonté, c'est ensuite des réalités.
Mémoires de guerre, Charles de Gaulle

La politique est un genre difficile. Quand on se range du côté de l'éthique de conviction, vous avez envie d'envoyer tout promener pour avoir les mains propres. Quand vous penchez du côté de l'éthique de la responsabilité, vous finissez par avoir les mains sales, au nom de la fin qui justifie les moyens.   Jacques Delors

Comme il importe plus en politique de se justifier que de faire, les mots y ont plus d'importance que les choses.
Les Chemins de l'écriture, Bernard Grasset

La politique est une guerre sans effusion de sang et la guerre est une politique avec effusion de sang.
Citations du président Mao Tsé-Toung

En politique, les insensés peuvent faire de sorte que ce soient les sages qui aient tort.   *Pensées d'un biologiste*, Jean Rostand

En politique, la sagesse est de ne point répondre aux questions. L'art, de ne pas se les laisser poser.
Voici l'homme, André Suarès

La politique, c'est l'art d'empêcher les gens de se mêler de ce qui les regarde.   *Tel quel*, Paul Valéry

POPULARITÉ

La popularité est une maladie qui menace d'être d'autant plus chronique qu'elle attaque le patient tard dans la vie.
Journal, Ernst Jünger

La popularité est souvent la servante de personnes indésirables. Elle n'est pas un signe infaillible de vertu ou d'intelligence.
Ma vie et mes prisons, Jawaharlal Nehru

POSSESSION

La possession réside moins dans l'acte sexuel que dans l'effet de cet acte sur la personne qui en est l'objet.
Le Mépris, Alberto Moravia

La possession diminue souvent, au lieu de la compléter, la connaissance que l'on avait l'un de l'autre.

De l'amour, Étienne Rey

POTE

Touche pas à mon pote ! *Slogan S.O.S. Racisme*, Harlem Désir

POUVOIR

On est en droit de se poser la question de savoir si un parti au pouvoir adopte la même attitude que lorsqu'il n'y est pas.

Années de lutte, David Ben Gourion

Le pouvoir de l'homme a grandi dans tous les domaines, sauf sur lui-même. Winston Churchill

L'épreuve pathétique du pouvoir absolu, c'est la difficulté qu'il éprouve à assurer la transmission.

La Banqueroute de Law, Edgar Faure

Qu'appelez-vous pouvoir ? Un logement dans un palais ? La machine à décrets ? Les hommes qui se courbent ? Les hommes qui se couchent ? La télévision à la botte ? Le doigt sur le bouton de la guerre atomique ? Un président qui règne, qui gouverne, qui juge, qui légifère, qui commente lui-même les nouvelles qu'il inspire, monarque pourvu d'un pouvoir absolu ? J'ai prononcé le mot qu'il fallait taire : absolu.

Ici et maintenant, François Mitterrand

Quelqu'un que vous avez privé de tout n'est plus en votre pouvoir. Il est à nouveau entièrement libre.

Le Premier Cercle, Alexandre Soljenitsyne

PRÉJUGÉ

Quand il se présente à la culture scientifique, l'esprit n'est jamais jeune. Il est même très vieux car il a l'âge de ses préjugés.

La Formation de l'esprit scientifique, Gaston Bachelard

Les préjugés sont les supports de la civilisation.

Journal, André Gide

PRÉSENT

Le présent que voici a trouvé tout futur plongé dans le passé.

Henry James

Le présent, quoi qu'on fasse, n'est jamais qu'une vaste et bruyante fabrique du passé. *Le Livre de mon bord*, Pierre Reverdy

PRÉSIDENT

Quand les choses vont mal, ils blâment le Président, et c'est une des choses pour lesquelles les présidents sont payés.

John F. Kennedy

PRIER

Prier, ce n'est pas demander, c'est une aspiration de l'âme.

Gandhi

Les gens ordinaires ne prient pas, ils supplient.

Le Disciple du diable, Bernard Shaw

PRINCIPE

La vie sans religion est une vie sans principes et une vie sans principes est une vie sans gouvernail. *Lettre à l'ashram*, Gandhi

Les principes sont les principes, dussent les rues ruisseler de sang.

Souvenirs, Rudyard Kipling

Ce qu'il y a de vraiment commode avec les principes, c'est qu'on peut toujours les sacrifier quand c'est nécessaire.

Le Cercle, Somerset Maugham

PRINTEMPS

Le printemps est inexorable.

J'avoue que j'ai vécu, Pablo Neruda

PROBLÈME

Ne me dites pas que ce problème est difficile. S'il n'était pas difficile, il n'y aurait pas de problème. Maréchal Foch

Ce qui fait qu'un problème est un problème, c'est de contenir une contradiction. *Méditation*, José Ortega Y Gasset

PROFIT

C'est une idée socialiste de faire du profit un vice. Le vrai vice pour moi c'est de faire des pertes. Winston Churchill

PROFONDEUR

La profondeur devient le seul but de celui qui creuse.
Le Monde souterrain, Françoise Mallet-Joris

PROGRÈS

Le progrès est la source des problèmes.
Orthodoxie, Gilbert Keith Chesterton

Le progrès est peut-être une façon de changer de malheur.
Leçons particulières, Françoise Giroud

Ce que nous appelons progrès, c'est l'échange d'une nuisance par une autre nuisance. *La Cause de la vie*, Havelock Ellis

Le progrès a été très bien quelquefois, mais cela a duré trop longtemps. *Vers durs*, Ogden Nash

Les progrès du progrès vont de progrès en progrès.
Dernières Nouvelles de l'homme, Alexandre Vialatte

PROLÉTARIAT

Le prolétariat souhaite l'amélioration matérielle de son sort et plus obscurément, aussi, la fin de l'exploitation de l'homme par l'homme. *Situations*, Jean-Paul Sartre

PROPAGANDE

La propagande, c'est l'art de persuader les autres de ce que vous ne croyez pas vous-même. Abba Eban

PROSPÉRITÉ

La prospérité est juste au coin de la rue. Herbert Hoover

PROUVER

On prouve tout ce qu'on veut, et la vraie vérité est de savoir ce qu'on veut prouver. *Histoire de mes pensées*, Alain

PROSTITUÉE

J'ai toujours trouvé, chez les prostituées, une gentillesse, une compréhension que je ne n'ai pas toujours rencontrées ailleurs, voire très près de moi. *Un homme comme les autres*, Georges Simenon

PROVOCATION

La provocation est une façon de remettre la réalité sur pied. *Grandeur et décadence de la ville de Mahagonny*, Bertolt Brecht

PSYCHANALYSE

La psychanalyse est une confession sans absolution. *Orthodoxie*, Gilbert K. Chesterton

PSYCHOLOGIE

Pour le malade comme pour le médecin, la psychologie est le domaine de l'imaginaire au sens de l'illusoire. *Écrits*, Jacques Lacan

PUBLICITÉ

Il n'y a pas de mauvaise publicité, sauf les annonces nécrologiques. *Deux Étages*, Brendan Behan

La publicité est un facteur économique précieux, puisque c'est la façon la moins chère de vendre des produits, surtout lorsqu'ils ne valent rien. Sinclair Lewis

PUDEUR

La pudeur est le parfum de la volupté. *Voici l'homme*, André Suarès

Q

QUALITÉ

La qualité, c'est la quantité assimilée.

Suite familière, Léon-Paul Fargue

Nos qualités nous éloignent les uns des autres, nos sottises nous rapprochent.

Pensées paresseuses d'un paresseux, Jerome K. Jerome

On se dégoûte de ses qualités, surtout quand on les retrouve chez les autres. *Journal*, Jules Renard

Il n'y a que deux qualités au monde : l'efficacité et l'inefficacité.

L'Autre Ile de John Bull, Bernard Shaw

QUARTERON

Ce pouvoir a une apparence : un quarteron de généraux en retraite. Il a une réalité : un groupe d'officiers, partisans, ambitieux et fanatiques.

Allocution télévisée, 23 avril 1961, Charles de Gaulle

QUATRE

Il y a quatre choses plus grandes que les autres : les femmes, les chevaux, le pouvoir et la guerre.

La Ballade du roi, Rudyard Kipling

QUESTION

Il est facile de poser la question difficile.

La Question, Wystan Hugh Auden

La question attend la réponse. Mais la réponse n'apaise pas la question et, même si elle y met fin, elle ne met pas fin à l'attente qui est la question de la question. *L'Attente*, Maurice Blanchot

La question est de savoir si deux et deux font quatre.

La Peste, Albert Camus

Le savant n'est pas celui qui fournit les vraies réponses ; c'est celui qui pose les vraies questions.

Le Cru et le Cuit, Claude Lévi-Strauss

R

RACES

Il y a un point commun et singulièrement important entre les civilisés de toutes les civilisations et les races de toutes les races. C'est précisément qu'ils sont civilisés ou racés.

Écrits intimes, Roger Vailland

Des races humaines pures ont peut-être existé dans le passé ; peut-être en existera-t-il dans l'avenir. Mais à coup sûr il n'en existe pas dans le présent.

Les Grands Courants de la biologie, Jean Rostand

Chaque race se limite à certains sujets, à certaines modes parmi les modes possibles, chaque époque opère encore un tri parmi les possibilités offertes à chaque race.

Mémoires d'Hadrien, Marguerite Yourcenar

RACISME

Au dire de Freud, un peu de différence mène au racisme. Mais beaucoup de différences en éloigne, irrémédiablement.

Fragments, Roland Barthes

RAISON

Ni dans le passé ni dans l'avenir on ne peut préférer une chose à l'homme, qui seul peut constituer la raison de toutes choses.

Pour une morale de l'ambiguïté, Simone de Beauvoir

La raison, c'est la folie du plus fort. La raison du plus fort, c'est de la folie.

Journal en miettes, Eugène Ionesco

La raison entrave tout esprit qui n'est pas assez fort pour la dominer.

Bernard Shaw

RANCUNE

Toutes les rancunes viennent de ce que, restés en dessous de nous-mêmes, nous n'avons pu nous rejoindre. Cela, nous ne le pardonnerons jamais aux autres.

Syllogismes de l'amertume, E.M. Cioran

RATIONNEL

Le rationnel, jour après jour, étouffera le raisonnement.

Le Bestiaire et l'Herbier, Georges Duhamel

RÉACTIONNAIRE

Tous les réactionnaires sont des tigres de papier.

Citations du président Mao Tsé-Toung

Un réactionnaire est un somnambule qui marche à reculons.

Franklin Roosevelt

RÉALISER

En réalisant ses désirs, en se réalisant soi-même, l'homme réalise l'absolu.   *La Petite Infante de Castille*, Henry de Montherlant

RÉALISME

Être réaliste, ce n'est pas imiter le réel mais imiter son activité.

D'un réalisme sans rivages, Roger Garaudy

RÉALITÉ

On ne peut décrire la réalité en toute impartialité. Il n'y a jamais lieu de s'en affliger, elle n'est ni triste ni gaie, les faits sont les faits, rien de plus. Ce qui importe, c'est la manière dont l'homme dépasse la situation.   Simone de Beauvoir

La réalité n'est qu'un concept d'apparence.   Yann Queffelec

La réalité, elle serait très bonne et très simple si l'homme ne s'était mis en tête de vouloir expliquer ce qu'elle est.

Le Livre de mon bord, Pierre Reverdy

RECETTE

Il ne faut appeler sciences que l'ensemble des recettes qui réussissent toujours. Tout le reste est littérature. *Tel quel*, Paul Valéry

RÉCLAMATION

La vie est une grande réclamation qu'il n'est pas commode d'apaiser. *Boulevard Durand*, Armand Salacrou

RÉEL

Il n'est rien de réel, que le rêve et l'amour.
Le Cœur innombrable, Anna de Noailles

Le réel... Une manière de prise immédiate et certaine.
La Petite Infante de Castille, Henry de Montherlant

Le réel ne peut s'exprimer que par l'absurde.
Tel quel, Paul Valéry

RÉFLEXION

On appelle réflexes les mouvements qu'on fait sans réflexion.
La Douloureuse, Maurice Donnay

Quand tout le monde est du même avis, c'est que personne ne réfléchit beaucoup. Walter Lippmann

Je me méfie de mes réflexions, mais je respecte mes réflexes.
Yves Tanguy

Fonctionnellement, la réflexion planétise.
L'Apparition de l'homme, Pierre Teilhard de Chardin

RÉFORME

Les réformes oui, la chienlit non.
Déclaration, mai 1968, Charles de Gaulle

Nous ne parvenons à faire des réformes qu'en faisant semblant de faire la révolution. Jacques Chaban-Delmas

REFUSER

Refuser en donnant ses raisons n'est pas refuser.

Histoire de mes pensées, Alain

REGARD

Que l'importance soit dans ton regard, non dans la chose regardée.

Les Nourritures terrestres, André Gide

RÉGIME

Un régime se définit d'abord selon la manière dont il traite le pouvoir judiciaire.

Le Coup d'État permanent, François Mitterrand

RÈGLES

Si les règles et les genres ont été imaginés, c'est pour assurer à l'esprit humain sa pleine liberté, pour lui permettre les cris et la surprise et le chant profond.

La rhétorique renaît de ses cendres, Jean Paulhan

REGRETS

Les regrets, ce n'est que de la rature : on n'efface pas.

L'Inconnue d'Arras, Armand Salacrou

RELATIVITÉ

Asseyez-vous une heure près d'une jolie fille, cela passe comme une minute. Asseyez-vous une minute sur un poêle brûlant, et cela passe comme une heure. C'est cela la relativité.   Albert Einstein

RELIGION

Dieu est pour l'homme, la religion pour la femme.

Sous les yeux d'Occident, Joseph Conrad

Si un homme atteint le cœur de sa religion, il atteint également le cœur des autres religions.   *Tous les hommes sont frères*, Gandhi

La religion est comparable à une névrose infantile.

Sigmund Freud

A présent, il n'y a pas une religion établie qui soit plausible.
Bernard Shaw

La religion est un fait culturel aussi universel que le feu.
Jacques Soustelle

La vraie religion c'est, concordant avec la raison et le savoir de l'homme, le rapport établi par lui envers la vie infinie qui l'entoure, qui lie sa vie avec cet infini et le guide dans ses actes.
Qu'est-ce que la religion ?, Léon Tolstoï

REPENTIR

Le repentir, qui est peut-être ce qui différencie le plus l'homme de l'animal, est une valeur que notre siècle a égarée.
Du repentir et de la modération, A. Soljenitsyne

REPOS

De temps en temps, il faut se reposer de ne rien faire.
Jean Cocteau

REPROCHE

Ce que le public te reproche, cultive-le, c'est toi.
Le Potomak, Jean Cocteau

RÉPUBLIQUE

La république doit se construire sans cesse car nous la concevons éternellement révolutionnaire, éternellement inachevée, tant qu'il reste un progrès à accomplir.
Sept Mois et dix-sept jours, Pierre Mendès France

Régime oblige : le pouvoir absolu a des raisons que la République ne connaît pas.
Le Coup d'État permanent, François Mitterrand

RÉSERVE

La décision est une belle chose, mais le principe fécond ; par conséquent, le vrai principe artistique, c'est la réserve.
Goethe et Tolstoï, Thomas Mann

RÉSIGNATION

Qui est le plus sage, celui qui accepte tout ou celui qui a décidé de ne rien accepter ? La résignation est-elle une sagesse ?

Eugène Ionesco

RESPECTABLE

Si vous vous en tenez à votre opinion suffisamment longtemps, elle deviendra respectable. *Autobiographie*, Bertrand Russell

Toute nécessité biologique doit être respectée, qu'on aime la chose ou pas.

Bernard Shaw

RÉUSSITE

La réussite n'est souvent qu'une revanche sur le bonheur.

Remarques sur l'action, Bernard Grasset

Il y a des moments où tout réussit : il ne faut pas s'effrayer, ça passe.

Journal, Jules Renard

RÊVE

Le rêve est à l'homme ce que la bière est à la pression.

Pensées, Pierre Dac

Freud considère le rêve comme une fiction qui nous aide à dormir. La pensée peut être considérée comme une fiction qui nous aide à vivre. L'homme vit par l'imagination.

La Danse de la vie, Havelock Ellis

Le rêve est le gardien du sommeil, qu'il défend contre ce qui est susceptible de le troubler.

Sigmund Freud

J'ai eu un rêve magnifique la nuit dernière, ne le manquez pas.

Groucho Marx

Le rêve est un tunnel qui passe sous la réalité. C'est un égout d'eau claire, mais c'est un égout.

Le Gant de crin, Pierre Reverdy

Nous avons de l'âge de dix ans environ jusqu'à l'âge de vingt ans pour créer les rêves qui devront nous servir toute notre vie. Or cette création ne dépend pas de nous.

Un homme comme les autres, Georges Simenon

RÉVEIL

J'ai donné l'ordre de me réveiller à tout moment en cas de péril national, même quand je suis dans la salle du conseil.

Ronald Reagan

Tristesse des réveils ! Il s'agit de redescendre, de s'humilier. L'homme retrouve sa défaite : le quotidien.

Plume, Henri Michaux

RÉVOLUTION

La dissidence est l'amie de la révolution.

Histoire de mes pensées, Alain

Pas d'or, pas de révolution.

Les Beaux Draps, Louis-Ferdinand Céline

Dans une révolution, si elle est véritable, on doit triompher ou mourir. *Lettre d'adieu à Fidel Castro*, Che Guevara

La révolution n'est pas un opium. La révolution est une purge, une extase que seule prolonge la tyrannie. L'opium c'est pour avant ou après. *Le Joueur, la Religieuse et la Radio*, Ernest Hemingway

La révolution est un délice dans les premiers moments, tant qu'il s'agit de se débarrasser des gens en place.

Le Meilleur des mondes, Aldous Huxley

La révolution est un tout complexe comme la vie elle-même, où il y a de l'enthousiasmant et de l'inacceptable.

François Mitterrand

Les révolutions attirent ceux qui ne sont pas assez bons pour les institutions établies, aussi bien que ceux qui sont trop bons pour elles. *Bréviaire du révolutionnaire*, Bernard Shaw

Exporter la révolution est un non-sens. Chaque pays fait sa propre révolution et, s'il ne le veut pas, il n'y aura pas de révolution.

Joseph Staline

RICHE

Les riches sont l'écume de l'humanité, dans tous les pays.

L'Auberge volante, Gilbert K. Chesterton

Les riches ont une passion pour le marchandage, d'autant plus forte qu'elle est sans objet.

Françoise Sagan

RIDEAU

Un rideau de fer est descendu sur l'Europe.

Discours à Fulton College, 1948, Winston Churchill

RIRE

Le rire est une arme de séduction.

Dieu, Shakespeare et moi, Woody Allen

Riez, et le monde entier rira avec vous, ronflez et vous dormirez seul.

Mr. Enderby, Anthony Burgess

Quelques générations encore et le rire, réservé aux initiés, sera aussi impraticable que l'extase.

Syllogismes de l'amertume, E.M. Cioran

RISQUE

Ne craignez pas de faire un grand pas s'il faut en faire un. On ne franchit pas un abîme en deux petits bonds. David Lloyd George

ROI

Un jour il n'y aura plus que cinq rois : celui de cœur, de pique, de trèfle, de carreau et celui d'Angleterre. Farouk, ex-roi d'Égypte

ROMANCIER

Avec le romancier, comme avec le chirurgien, vous devez avoir l'impression d'être tombé dans de bonnes mains, celles de quelqu'un dont vous pouvez accepter avec confiance l'anesthésie.

Saul Bellow

Entrer dans la rédaction d'un roman, c'est comme faire une excursion en montagne : il faut opter pour un souffle, sinon on s'arrête tout de suite.   Umberto Eco

Le romancier est l'historien de ce qui ne se voit pas.
                                    Synthèses, Charles Plisnier

RONDE

Si toutes les filles du monde voulaient s'donner la main, tout autour de la mer, elles pourraient faire une ronde...
                                    Ballades françaises, Paul Fort

RUSSIE

La Russie va absorber l'URSS comme un buvard boit l'encre.
                                    Mémoires de guerre, Charles de Gaulle

S

SABLE

La connaissance de la vie est comme le sable, elle ne salit pas.
Luna-Park, Elsa Triolet

SACRÉ

Tout le progrès de l'homme, toute l'histoire des sciences, est l'histoire de la lutte de la raison contre le sacré.
Le Surréalisme contre la révolution, Roger Vailland

SAGESSE

Soyez plus sage que les autres si vous le pouvez, mais ne leur dites pas. *La Sagesse du père Brown*, Gilbert K. Chesterton

Les gens et les nations agissent sagement, dès qu'ils ont épuisé les autres alternatives. Abba Eban

La sagesse de la vie est toujours plus profonde que la sagesse des hommes. *La Vagabonde*, Maxime Gorki

La sagesse des vieillards, c'est une grande erreur : ce n'est pas plus sages qu'ils deviennent, c'est plus prudents.
L'Adieu aux armes, Ernest Hemingway

Il y a plus d'une sagesse au monde et toutes sont nécessaires. Il n'est pas mauvais qu'elles alternent.
Mémoires d'Hadrien, Marguerite Yourcenar

SAINTETÉ

La sainteté est aussi une tentation. *Eurydice*, Jean Anouilh

L'histoire des saints est surtout l'histoire de personnes anormales.
Benito Mussolini

SANG

Le sang est l'étalon des valeurs métaphysiques.
Ars magna, O.V. de L. Milosz

SAVOIR

Comment savoir tout, sans vieillir ?
Le Cocu magnifique, Fernand Crommelynck

L'imagination est plus importante que le savoir.
Comment je vois le monde, Albert Einstein

C'est vraiment dommage que le savoir ne puisse s'acquérir que par un travail acharné.
Pensées, Somerset Maugham

Retenez du savoir ce qu'il faut au bonheur,
On est assez profond, pour le jour où l'on meurt.
Le Cœur innombrable, Anna de Noailles

Le savoir est le pilote de la société de demain.
Michel Serres

SCÈNE

Si nous opposons la vie à la scène, c'est que nous pressentons que la scène est un lieu voisin de la mort, où toutes les libertés sont possibles.
Jean Genet

SCIENCE

La science sans religion est boiteuse, la religion sans science est aveugle.
Albert Einstein

Toute science crée une nouvelle ignorance.
Plume, Henri Michaux

La science a fait de nous des dieux avant que nous méritions d'être des hommes.
Pensées d'un biologiste, Jean Rostand

La véritable science enseigne par-dessus tout à douter.
Le Sens tragique de la vie, Miguel de Unamuno

Il ne faut appeler science que l'ensemble des recettes qui réussissent toujours. Tout le reste est littérature.   *Tel quel*, Paul Valéry

SÉGRÉGATION

La ségrégation est le résultat des relations illicites entre l'injustice et l'immoralité.   Martin Luther King

SENTIMENT

Les sentiments viennent parfois d'un travers de l'esprit.
    L'amour c'est beaucoup plus que l'amour, Jacques Chardonne

Quand il n'y a dans un sentiment rien que d'analysable, il n'y a rien.
    Algèbre des valeurs morales, Marcel Jouhandeau

Un sentiment bien circonscrit est un sentiment mutilé.
    Mélanges, Paul Valéry

SERVICES

Les gens se vengent des services qu'on leur rend.
    Voyage au bout de la nuit, Louis-Ferdinand Céline

SEXE

Le sexe, c'est moins que rien, et ce depuis toujours.
    Andy Warhol

Le sexe est le cerveau de l'instinct.   *Voici l'homme*, André Suarès

Le seul acte sexuel anormal est celui que vous ne pouvez pas faire.
    Rapport, Alfred Kinsey

SIGNE

Il est certain que le signe moins n'est pas moins productif en art que le signe plus.   *Préférences*, Julien Gracq

Quand on représente une chose, elle acquiert une signification nouvelle. Les signes ne sont jamais innocents.
    Jeux de société, David Lodge

Tout est signe. Mais il faut une lumière ou un cri éclatant pour percer notre myopie ou notre surdité.

Le Roi des aulnes, Michel Tournier

SILENCE

Le silence est un argument.

Che Guevara

Le silence est aussi plein de sagesse et d'esprit en puissance que le marbre non taillé est riche de sculpture.

Contrepoint, Aldous Huxley

Rares sont les mots qui valent mieux que le silence.

Carnets, Henry de Montherlant

Le silence est la forme la plus haineuse ou la plus modeste de la critique. *Le Livre de mon bord*, Pierre Reverdy

SIMILITUDE

Tous les gens sont pareils : crevant de peur à la pensée de la mort et obsédés par le sexe. *Les Nouvelles littéraires*, Claude Mauriac

SINCÉRITÉ

Les hommes sont toujours sincères. Ils changent de sincérité, voilà tout. *Ce que l'on dit des femmes*, Tristan Bernard

Il est dangereux d'être sincère, à moins qu'on ne soit stupide aussi.

Bréviaire du révolutionnaire, Bernard Shaw

La sincérité ne saurait être le premier critère d'un livre.

Les Droits de l'écrivain, Alexandre Soljenitsyne

SOCIALISME

Le vice inhérent au capitalisme est le partage non équitable des richesses. Le vice inhérent au socialisme est le partage équitable de la misère. Winston Churchill

On est socialiste parce que la nature est à droite et l'homme à gauche. Jacques Delors

SOCIÉTÉ

Une société s'autoproduit sans cesse parce qu'elle s'autodétruit sans cesse.
Le Paradigme perdu, Edgar Morin

Il faut croire que l'homme a voulu vivre en société, puisque la société existe, mais aussi, depuis qu'elle existe, l'homme emploie une bonne part de son énergie et de son astuce à lutter contre elle.
Le Grand Bob, Georges Simenon

SOI-MÊME

Le moindre de mes soucis est de me trouver conséquent avec moi-même.
Les Pas perdus, André Breton

C'est à soi-même que chacun prétend le moins ressembler.
L'Immoraliste, André Gide

Il y a une personne avec laquelle nous n'arrivons jamais à être tout à fait sincère : nous-même.
Pensées inédites, Remy de Gourmont

Rien de plus original, rien de plus « soi » que de se nourrir des autres. Mais il faut les digérer. Le lion est fait de mouton assimilé.
Tel quel, Paul Valéry

SOLDAT

Engraisser les sillons du laboureur anonyme, c'est le véritable avenir du véritable soldat.
Voyage au bout de la nuit, Louis-Ferdinand Céline

Le soldat de métier acquiert un pouvoir de plus en plus grand à mesure que le courage d'une collectivité décline.
Hérétiques, Gilbert K. Chesterton

Dès lors que l'État et la nation ont choisi leur chemin, le devoir militaire est fixé une fois pour toutes. En dehors de ces règles, il ne peut y avoir que des soldats perdus.
Charles de Gaulle

Le métier de soldat est l'art du lâche ; c'est l'art d'attaquer sans merci quand on est fort et de se tenir loin du danger quand on est faible. Voilà tout le secret de la victoire.
Le Héros et le Soldat, Bernard Shaw

SOLITUDE

Nul ne peut veiller sur sa solitude, s'il ne sait se rendre odieux.
Syllogismes de l'amertume, E.M. Cioran

La double solitude où sont tous les amants...
Les Vivants et les Morts, Anna de Noailles

Une seule chose est nécessaire : la solitude. La grande solitude intérieure. Aller en soi-même et ne rencontrer personne pendant des heures, c'est à cela qu'il faut parvenir.
Lettres à un jeune poète, Rainer Maria Rilke

SOTTISE

Il m'a dit que j'étais sot. A cela j'ai jugé qu'il en était un, puisqu'il ne m'avait pas convaincu et s'était fait un ennemi.
Carnets, Henry de Montherlant

L'homme le plus sot est celui qui, de sa vie, n'a fait ou dit une sottise. *Almanach des lettres*, Miguel de Unamuno

Qu'est-ce qu'un sot ? Peut-être ce n'est qu'un esprit peu exigeant qui se contente de peu. Un sot serait-il un sage ?
Mauvaises Pensées et autres, Paul Valéry

SOUFFRANCE

Souffrir passe. Avoir souffert ne passe pas.
Louise-Marie, fille de Louis XV, carmélite,
citée par Valéry Giscard d'Estaing

Les saints parlent de la beauté de la souffrance. Mais vous et moi, nous ne sommes pas des saints. Pour nous, la souffrance n'est que laide. *La Puissance et la Gloire*, Graham Greene

La souffrance est l'élément positif de ce monde, c'est même le seul lien entre ce monde et le positif.
Préparatifs de noce à la campagne, Franz Kafka

Il n'est guère de souffrance dont vous ne puissiez émousser la pointe, en imaginant combien elle pourrait être pire.
Service inutile, Henry de Montherlant

La souffrance est une sorte de besoin de l'organisme de prendre conscience d'un état nouveau.

A la recherche du temps perdu, Marcel Proust

SPAGHETTI

Tout ce que vous voyez de moi, je le dois aux spaghetti.

Sophia Loren

SPÉCIALISTE

L'éminence même d'un spécialiste le rend dangereux.

L'Homme, cet inconnu, Alexis Carrel

La solution du bon sens est la dernière à laquelle songent les spécialistes. *Remarques sur l'action*, Bernard Grasset

SPECTACLE

Le spectacle n'a pas de sens, sinon à travers une culture, une civilisation, un métier.

Terre des hommes, Antoine de Saint-Exupéry

SPÉCULER

Il y a deux moments dans la vie pour ne pas spéculer : quand on en a les moyens et quand on n'en a pas. Mark Twain

SPERMATOZOÏDES

Le spermatozoïde est le bandit à l'état pur.

Syllogismes de l'amertume, E.M. Cioran

Des milliers et des milliers de spermatozoïdes, tous vivants. Sorti du cataclysme, un seul, pauvre Noé, essaie de survivre. L'échappé a une chance d'être Shakespeare ou un autre ou moi.

Aldous Huxley

SPORT

Dans le sport, l'homme reprend ses droits. Il reconquiert la discipline, la seule liberté qui soit douce.

État civil, Pierre Drieu La Rochelle

STATUES

Les statues ne font que nommer l'oubli. On n'est jamais plus mort qu'en bronze.

Dernières Nouvelles de l'homme, Alexandre Vialatte

STUPIDE

Les hommes naissent ignorants, mais pas stupides. C'est l'éducation qui les rend stupides.

La Conquête du bonheur, Bertrand Russell

STYLE

Je me considère comme un styliste, et les stylistes sont devenus obsédés à l'évidence par le placement d'une virgule et par le poids d'un point.

Truman Capote

Le style, c'est l'oubli de tous les styles. *Journal*, Jules Renard

SUCCÈS

Le succès est le seul juge ici-bas de ce qui est bon et mauvais.

Mein Kampf, Adolf Hitler

Plus vous remportez de succès dans ce monde, plus vous êtes vaincu.

Nexus, Henry Miller

SUICIDE

Le suicide est une méconnaissance.

Le Mythe de Sisyphe, Albert Camus

Il n'y a qu'un problème philosophique vraiment sérieux : c'est le suicide. Juger que la vie ne vaut pas la peine d'être vécue, c'est répondre à la question fondamentale de la philosophie.

Le Mythe de Sisyphe, Albert Camus

L'obsession du suicide est le propre de celui qui ne peut ni vivre ni mourir. *Le Mauvais Démiurge*, E.M. Cioran

SUPERFLU

Le superflu, c'est comme une bible au Ritz.

Gatsby le Magnifique, Francis Scott Fitzgerald

SUPERSTITION

La superstition, c'est l'art de se mettre en règle avec les coïncidences.
Jean Cocteau

La superstition est un peu plus humaine que la religion, parce qu'elle manque de morale. *Pensées inédites*, Remy de Gourmont

SURNATUREL

Le surnaturel n'étant pas d'un usage pratique ni régulier, il est sage et décent de n'en pas tenir compte.
La Vouivre, Marcel Aymé

SURRÉALISME

Le surréalisme n'est pas intéressé à tenir grand compte de ce qui se produit autour de lui, sous prétexte d'art, voire d'anti-art, de philosophie ou d'anti-philosophie.
Second Manifeste du surréalisme, André Breton

SURVIVANT

Ce qui importe, ce n'est pas d'être le plus fort, mais le survivant.
Dans la jungle des villes, Bertolt Brecht

SYMÉTRIE

Dès qu'il y a symétrie, il y a échange.
Une femme qui a le cœur trop petit, F. Crommelynck

SYMPATHIE

La sympathie éclate surtout entre deux vanités qui ne se contrarient pas encore.
Journal, Jules Renard

SYSTÈME

Les systèmes sont des béquilles à l'usage des impotents.
Mark Twain

Tout système est une entreprise de l'esprit contre soi-même.
Variété, Paul Valéry

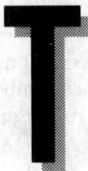

T

TABLEAU

Un tableau était une somme d'additions. Chez moi, un tableau est une somme de destructions.
Pablo Picasso

TACT

Le tact dans l'audace est de savoir jusqu'où on peut aller trop loin.
Le Coq et l'Arlequin, Jean Cocteau

TAIRE

Je ne fais que me plier aux exigences d'une convention qui veut qu'on mente ou qu'on se taise.
Molloy, Samuel Beckett

Heureux deux amis qui s'aiment assez pour se taire ensemble.
Victor-Marie, comte Hugo, Charles Péguy

TALENT

Le talent est un titre de responsabilité.
Mémoires de guerre, Charles de Gaulle

Ayez du talent, on vous reconnaîtra du génie. Ayez du génie, on ne vous reconnaîtra jamais du talent.
Sacha Guitry

L'expérience des hommes et des choses est la base du talent.
Max Jacob

Si, en te lisant, je pense que tu mens bien, c'est que tu as du talent. Si tu parviens à me faire croire que tu es sincère, c'est que tu as beaucoup de talent.
Le Livre de mon bord, Pierre Reverdy

Le talent sans génie est peu de chose. Le génie sans talent n'est rien.
Mélange, Paul Valéry

TAMBOUR

Dès que la guerre est déclarée, impossible de tenir les poètes. La rime est encore le meilleur des tambours.

La guerre de Troie n'aura pas lieu, Jean Giraudoux

TAPISSERIE

Quand je me retourne, je vois derrière moi cette ombre de moi-même, une longue tapisserie usée ici et là, mon existence.

Les Poètes, Louis Aragon

L'absolu se cache et bouge derrière la tapisserie du monde.

Inspirations méditerranéennes, Jean Grenier

TAUTOLOGIE

La littérature est au fond une activité tautologique.

Fragments d'un discours amoureux, Roland Barthes

TECHNIQUE

Ce n'est pas la technique qui représente le vrai danger pour la civilisation, c'est l'inertie des structures.

Plaidoyer pour l'avenir, Louis Armand

La technique emporte l'homme vers des horizons imprévus.

Le Grand Espoir du XXᵉ siècle, Jean Fourastié

TÉLÉVISION

La télévision est le cinéma du visage.

Hommes libres, Arthur Conte

La télévision peut être la machine à décerveler ou la lanterne magique. C'est un moyen d'expression qui peut être un moyen d'oppression.

Spectacle, Jacques Prévert

Je déteste la télévision et la déteste comme les cacahuètes, et je ne peux pas m'empêcher de manger des cacahuètes. Orson Welles

TÉMOIGNAGE

Qui répondrait en ce monde à la terrible obstination du crime, si ce n'est l'obstination du témoignage ? *Actuelles*, Albert Camus

TEMPS

Les temps sont courts à celui qui pense, et interminables à celui qui désire.
Histoire de mes pensées, Alain

Ce n'est pas le temps qui manque, c'est nous qui lui manquons.
Le Partage de midi, Paul Claudel

Le temps ne pardonne pas ce qu'on fait sans lui.
Leçons particulières, Françoise Giroud

Si peu de temps et tant à faire...
Oscar Levant

Il faut donner du temps au temps...
François Mitterrand

Si je parle du temps, c'est qu'il n'est pas encore,
Si je parle du temps, c'est qu'il n'est déjà plus.
Les Ziaux, Raymond Queneau

Le temps passe, et chaque fois qu'il y a du temps qui passe, il y a quelque chose qui s'efface.
Les Hommes de bonne volonté, Jules Romains

Il est bon que le temps qui s'écoule ne nous paraisse point nous user et nous perdre, comme la poignée de sable, mais nous accomplir. Il est bon que le temps soit une construction.
Citadelle, Antoine de Saint-Exupéry

Le temps ronge et creuse, il sépare, il fuit. Et c'est encore à titre de séparateur – en séparant l'homme de sa peine ou de l'objet de sa peine – qu'il guérit.
L'Être et le Néant, Jean-Paul Sartre

Le temps est innocent des choses.
Poésies, Georges Schéhadé

Le temps n'a d'autre fonction que de se consumer : il brûle sans laisser de trace.
Le Grand Jamais, Elsa Triolet

TENTATION

Être tenté, c'est être tenté, quand l'esprit dort, de céder aux raisons de l'intelligence.
Pilote de guerre, Antoine de Saint-Exupéry

TERRE

La terre promise est toujours de l'autre côté du désert.
La Danse de la vie, Havelock Ellis

La Terre est ronde pour ceux qui s'aiment.
Électre, Jean Giraudoux

Comment savez-vous si la Terre n'est pas l'enfer d'une autre planète ?
Contrepoint, Aldous Huxley

La Terre est le probable paradis perdu.
Mer, Federico García Lorca

Quand on n'a plus de terre, on n'a plus de refuge que dans la langue.
Michel Serres

TERREUR

Dans le comportement révolutionnaire, il y a une terreur que je refuse.
Serge July

TESTAMENT

Le testament permet à l'homme de se survivre. La plupart des civilisations l'admettent dans les affaires privées. Il en est autrement en ce qui concerne la puissance publique.
La Banqueroute de Law, Edgar Faure

L'homme qui attend de faire un testament complètement raisonnable meurt intestat.
Bernard Shaw

Devant l'heure des destinées,
comme d'autres en d'autres temps,
sur ces feuilles mal griffonnées,
je commence mon testament.
Poèmes de Fresnes, Robert Brasillach

THÉÂTRE

Le théâtre est mon luxe, le cinéma mon argent de poche.
Arletty

Si le théâtre essentiel est comme la peste, ce n'est pas parce qu'il est contagieux, mais parce que comme la peste il est la révélation, la mise en avant, la poussée vers l'extérieur d'un fond de cruauté latente par lequel se localisent, sur un individu ou sur un peuple, toutes les possibilités perverses de l'esprit.

Le Théâtre et son double, Antonin Artaud

Au théâtre, les gens veulent sans doute être surpris mais avec ce qu'ils attendent.   *Auteurs, acteurs, spectateurs*, Tristan Bernard

C'est ce que vous ne comprenez pas qui est le plus beau, c'est ce qui est le plus long qui est le plus intéressant et c'est ce que vous ne trouvez pas amusant qui est le plus drôle.

Le Soulier de satin, Paul Claudel

S'il faut absolument que l'art du théâtre serve à quelque chose, je dirais qu'il devrait servir à apprendre aux gens qu'il y a des activités qui ne servent à rien et qu'il est indispensable qu'il y en ait.   *Notes et contre-notes*, Eugène Ionesco

Le théâtre est la poésie qui sort du livre et se fait humaine.

Conversation sur le théâtre, Federico García Lorca

Seul le théâtre peut donner, autant que la cour d'assises, une impression de convention.   *Les Conquérants*, André Malraux

THÉOLOGIE

Tout homme cultivé est un théologien, et pour l'être il n'est pas indispensable d'avoir la foi.

L'Énigme d'Edward Fitzgerald, Jorge Luis Borges

Tout parti pris théologique comporte une attitude politique.

Ce que je crois, François Mauriac

TOI

Tout ce que tu dis parle de toi, singulièrement quand tu parles des autres.   *Mauvaises Pensées et autres*, Paul Valéry

TOLÉRANCE

La tolérance implique simplement qu'on accepte que l'autre ne pense pas comme vous, sans le haïr pour cela. Paul Henri Spaak

La tolérance est la fille du doute.

Arc de triomphe, Erich Maria Remarque

TOMBE

Le berceau est moins profond que la tombe.

Monsieur Ouine, Georges Bernanos

TONNERRE

Le tonnerre est impressionnant, mais c'est l'éclair qui est important. Mark Twain

TOTALITAIRE

L'État totalitaire, ce n'est pas la force déchaînée, c'est la vérité enchaînée. *La Barbarie à visage humain*, Bernard-Henri Lévy

A partir du moment où dans un pays s'établit un divorce entre l'orientation du régime et les aspirations de la jeunesse, alors oui, la catastrophe est proche, alors le totalitarisme menace à plus ou moins long terme.

Sept Mois et dix-sept jours, Pierre Mendès France

TOURISTE

Le voyageur voit ce qu'il voit, le touriste voit ce qu'il est venu voir.

Gilbert K. Chesterton

TOURMENT

Le tourment chez certains est un besoin, un appétit et un accomplissement. *Le Mauvais Démiurge*, E.M. Cioran

Ce qui me tourmente, ce ne sont ni ces creux, ni ces bosses, ni cette laideur, c'est un peu, dans chacun de ces hommes, Mozart assassiné. *Terre des hommes*, Antoine de Saint-Exupéry

TOUT

Tout est permis en dedans.

Voyage au bout de la nuit, Louis-Ferdinand Céline

TRACE

Qui laisse une trace laisse une plaie.

Face aux verroux, Henri Michaux

TRADITION

La tradition ne veut pas dire que les vivants soient morts, mais que les morts soient vivants.

Orthodoxie, Gilbert K. Chesterton

La tradition, c'est le progrès dans le passé ; le progrès dans l'avenir ce sera la tradition.

Créer, Édouard Herriot

TRAHISON

La trahison peut être le fait d'une intelligence supérieure entièrement affranchie des idéologies civiques.

Passe-temps, Paul Léautaud

On ne trahit bien que ceux qu'on aime.

Derrière cinq barreaux, Maurice Sachs

TRAVAIL

C'est par la quantité de travail fournie par l'artiste que l'on mesure la valeur d'une œuvre d'art.

Les Peintres cubistes, Apollinaire

Il n'y a dignité dans le travail que quand le travail est accepté librement.

Albert Camus

Le travail est devenu un objet de science en même temps que la vie et le langage, par suite d'un bouleversement dans les conditions du savoir.

Les Mots et les Choses, Michel Foucault

La limite idéale vers laquelle tend la nouvelle organisation du travail est celle où le travail se formerait à une seule forme d'action : l'initiative.

Le Grand Essor du XXᵉ siècle, Jean Fourastié

Une civilisation se transforme lorsque son élément le plus douloureux, l'humiliation chez l'esclave, le travail chez l'ouvrier moderne, devient tout à coup une valeur.

La Condition humaine, André Malraux

Le travail, c'est tout ce qu'on est obligé de faire ; le jeu, c'est tout ce qu'on fait sans y être obligé.

Les Aventures de Tom Sawyer, Mark Twain

TRÉSOR

Un trésor, c'est pour qu'on y touche.

Races des hommes, Jacques Audiberti

TRISTESSE

Faire l'amour avec une femme qui ne vous plaît pas, c'est aussi triste que de travailler.

L'Hermine, Jean Anouilh

La seule vraie tristesse est dans l'absence de désir.

Journal, Charles-Ferdinand Ramuz

TROUBLER

Ce qui vient au monde pour ne rien troubler ne mérite ni égard ni patience.

Fureur et mystère, René Char

Plus le trouble est grand, plus il faut gouverner.

Mémoires de guerre, Charles de Gaulle

TROUVER

Trouvez d'abord, cherchez après.

Journal d'un inconnu, Jean Cocteau

Je ne cherche pas, je trouve.

Pablo Picasso

TUER

Il s'agit de savoir si l'innocence, à partir du moment où elle agit, ne peut s'empêcher de tuer.

L'Homme révolté, Albert Camus

Tout chef politique doit avoir l'instinct du tueur.

La Comédie du pouvoir, Françoise Giroud

On tue un homme, on est un assassin. On tue des millions d'hommes, on est un conquérant. On les tue tous, on est un dieu.
Pensées d'un biologiste, Jean Rostand

On peut tuer le temps ou soi-même, cela revient au même, strictement. *Mille Regrets*, Elsa Triolet

TUMULTE

Dans le tumulte des hommes et des événements, la solitude était ma tentation. Maintenant, elle est mon amie.
Mémoires de guerre, Charles de Gaulle

TYMPAN

Je suis le tympan, d'un côté c'est le crâne, de l'autre le monde, je ne suis ni de l'un ni de l'autre. *L'innommable*, Samuel Beckett

TYRANNIE

La prétention du philosophe à détenir avec la vérité absolue le secret du régime le meilleur est la racine même de la tyrannie totalitaire.
Dimension de la conscience historique, Raymond Aron

L'homme sérieux est dangereux ; il est naturel qu'il se fasse tyran.
Pour une morale de l'ambiguïté, Simone de Beauvoir

U

UN

Le secret que nous poursuivons se dirait assez bien : il n'y a dans le monde aucune des différences dont vous faites si grand cas. Tout est « un ».   *Le Don des langues*, Jean Paulhan

Le credo fondamental de l'Inde est la découverte de l'Unité dans la diversité, de l' « Un » dans le nombre.
Vers l'homme universel, Rabindranath Tagore

UNIFICATION

L'humanité est constamment aux prises avec deux processus contradictoires dont l'un tend à instaurer l'unification, tandis que l'autre vise à maintenir ou à rétablir la diversification.
Race et histoire, Claude Lévi-Strauss

UNIFORME

Quand les hommes de la force quittent leur uniforme, ils ne sont pas beaux à voir.   *L'État de siège*, Albert Camus

UNIVERS

L'univers est une digestion.
Emmène-moi au bout du monde, Blaise Cendrars

L'univers est une motte de beurre. Il n'est que de s'y enfoncer sans hésitation. Personne ne fera attention à vous, tant que vous ne gênerez personne.   *Conseils à un étudiant*, Max Jacob

L'univers ne pourra jamais être augmenté ou diminué. Ce qu'on lui enlèverait ne le quitterait point, ce qu'on lui ajouterait serait déjà en lui.   *La Grande Loi*, Maurice Maeterlinck

L'univers existe, il faut bien qu'il s'y produise des événements, tous également improbables, et l'homme se trouve être l'un d'eux.
Leçon inaugurale au Collège de France, Jacques Monod

L'univers est vrai pour nous tous et dissemblable pour chacun.
A la recherche du temps perdu, Marcel Proust

Il n'y a d'universel que ce qui est suffisamment grossier pour l'être.
Mauvaises Pensées et autres, Paul Valéry

UTOPIE

L'utopie est nuisible pour ce qu'elle recèle de possibilités de désillusions, pour ce qu'elle confronte à chaque pas la réalité à une fausse image, pour ce qu'elle comporte de découragement du fait de la disproportion entre la perspective rêvée et la tâche à faire...
Histoire parallèle, Louis Aragon

Le moraliste est par essence un utopiste.
La Trahison des clercs, Julien Benda

Ce que nous voulons, c'est inventer en permanence l'utopie complète. Gilbert Trigano

V

VAINCRE

Nous vaincrons parce que nous sommes les plus forts.
Allocution radiodiffusée, 1939, Paul Reynaud

VAINQUEUR

Le vainqueur appartient aux dépouilles.
Heureux et damnés, Francis Scott Fitzgerald

Les vainqueurs prennent immédiatement les vices des vaincus.
Jean Barois, Roger Martin du Gard

VALEUR

Il s'agit de savoir pour nous si l'homme, sans le secours de l'éternel ou de la pensée rationaliste, peut créer à lui seul ses propres valeurs.
Actuelles, Albert Camus

Tout ce que gagne l'homme à connaître ce qu'il vaut, c'est de perdre jusqu'au respect de sa souffrance.
Pensées d'un biologiste, Jean Rostand

VANITÉ

La seule cure contre la vanité, c'est le rire, et la seule faute qui soit risible, c'est la vanité.
Le Rire, essai sur la signification du comique, Henri Bergson

Il n'y a pas de vanité intelligente.
Voyage au bout de la nuit, Louis-Ferdinand Céline

La vanité, c'est l'orgueil des autres.
Jusqu'à nouvel ordre, Sacha Guitry

VÉGÉTARIEN

La férocité est la caractéristique des taureaux et autres végétariens.
Bernard Shaw

Je suis devenue végétarienne pour ne pas digérer une agonie.
Marguerite Yourcenar

VENDRE

Tout ne s'achète pas, mais tout se vend.
Pierre Bergé

VÉRITÉ

Ne disons surtout pas la vérité. La vérité salit les puits.
Nous irons à Valparaíso, Marcel Achard

La vérité existe. On n'invente que le mensonge.
Pensées sur l'art, Georges Braque

L'homme est toujours la proie de ses vérités. Une fois qu'il les a admises, il ne peut plus s'en libérer.
Actuelles, Albert Camus

La vérité, c'est une agonie qui n'en finit pas. La vérité de ce monde, c'est la mort.
Voyage au bout de la nuit, Louis-Ferdinand Céline

En temps de guerre, la vérité est si précieuse qu'elle doit souvent être protégée par un rempart de mensonges.
Winston Churchill

Quand vous avez éliminé l'impossible, ce qui reste, même improbable, doit être la vérité.
Le Signe des quatre, Arthur Conan Doyle

La vérité, c'est l'accident de l'erreur.
Chronique des Pasquier, Georges Duhamel

La vérité est indépendante des faits. Il lui importe peu d'être réfutée, elle se trouve toujours dépossédée quand elle est proférée.
Balthazar, Lawrence Durrell

Il n'existe pas à mon sens de vérité absolue. Mais il y a les circonstances.
Mémoires de guerre, Charles de Gaulle

La vérité est un symbole que poursuivent les mathématiciens et les philosophes. Dans les rapports humains, la bonté et les mensonges valent mieux que mille vérités.

Le Fond du problème, Graham Greene

Et si la vérité était enfantine ?   *Ce que je crois*, François Mauriac

La vérité, c'est qu'on ne fait pas de grandes choses sans être une brute.

Le Cercle de famille, André Maurois

Le privilège du succès est, dans l'ordre de l'action, une marque de vérité.

Enquête sur la monarchie, Charles Maurras

Il y a loin de la vérité apprise à la vérité vécue.

Le Rite complémentaire, Youssef Murad

La vérité, c'est qu'il n'y a pas de vérité.

Fin du monde, Pablo Neruda

Tout le monde loue la vérité et l'altruisme, parce que personne n'en a l'expérience.

Journal, Jules Renard

La vérité est une illusion et l'illusion est une vérité.

Le Livre des masques, Remy de Gourmont

Sortant de certaines bouches, la vérité elle-même a mauvaise odeur.

Inquiétudes d'un biologiste, Jean Rostand

La vérité de demain se nourrit de l'erreur d'hier.

Lettre à un otage, Antoine de Saint-Exupéry

Ce que nous voyons à l'œil nu n'est pas forcément la vérité.

Alexandre Soljenitsyne

La vérité n'a pas d'heure, elle est de tous les temps, précisément quand elle nous paraît inopportune.

A l'orée de la forêt, Albert Schweitzer

Toute vérité n'est qu'une demi-vérité.

A.W. Whitehead

VERS

Ô grammairien, dans mes vers, ne cherche point le chemin, cherche le centre.   *Cinq Grandes Odes*, Paul Claudel

Une belle ligne de vers a douze pieds et deux ailes.

Jules Renard

VERTU

Une vertu n'est qu'un préjugé qui reste.   *Pensées*, Alfred Capus

Le monde moderne est plein d'anciennes vertus chrétiennes devenues folles.   *Orthodoxie*, Gilbert K. Chesterton

Les vertus sont sujettes à des vices particuliers qui les rendent inutiles.   *Algèbre des valeurs morales*, Marcel Jouhandeau

VICE

Le vice, c'est le mal que l'on fait sans plaisir.

Claudine en ménage, Colette

On ne peut avoir une civilisation aimable sans une bonne quantité de vices aimables.   *Le Meilleur des mondes*, Aldous Huxley

Il y a souvent un vice jugulé, dominé, à la source de vies admirables.   *Dieu et Mammon*, François Mauriac

Les manœuvres inconscientes d'une âme pure sont encore plus singulières que les combinaisons du vice.

Le Bal du comte d'Orgel, Raymond Radiguet

Le vice, c'est gaspiller la vie.   Bernard Shaw

VICTIME

Quelque part dans l'ombre de chaque grand homme, il y a une victime féminine.   *Journal*, Jules Renard

VICTOIRE

La victoire bouleverse autant que la défaite.

A l'échelle humaine, Léon Blum

Victoire à tout prix, victoire malgré la terreur, même si la route est longue et dure, car sans victoire il n'y a pas de survivants.

Winston Churchill

Je trouve que c'est une victoire parce que j'en suis sorti vivant.

Les Croix de bois, Roland Dorgelès

La victoire appartient aux dépouilles.   Francis Scott Fitzgerald

La volonté et la confiance sont les germes de la victoire.

Maréchal Foch

Une victoire racontée en détail, on ne sait plus ce qui la distingue d'une défaite.   *Le Diable et le bon Dieu*, Jean-Paul Sartre

Attaquer sans merci quand on est fort, se tenir loin du danger quand on est faible, voilà tout le secret de la victoire.

Bernard Shaw

VIE

Je ne crois qu'au fleuve vie, je ne veux être que les flots de ce fleuve.

Alain-Fournier

Qui a dit que la vie est un songe ? La vie est un jeu.

Le Livre secret, Gabriele D'Annunzio

Une vie est un oiseau aux filets du chasseur.

Poèmes de Fresnes, Robert Brasillach

Toute vie est, bien entendu, une entreprise de démolition.

La Fêlure, Francis Scott Fitzgerald

On ne vit que parce qu'on est dur.

Changer la vie, Jean Guéhenno

La vie est une perpétuelle distraction qui ne vous laisse même pas prendre conscience de ce dont elle distrait.

Préparatifs de noces à la campagne, Franz Kafka

La vie est magnifique, aussi longtemps qu'elle vous consume.

Le Monde, D.H. Lawrence

La vie, c'est ce qui arrive pendant que vous faites d'autres plans.

John Lennon

Une vie ne vaut rien, mais rien ne vaut une vie.
La Condition humaine, André Malraux

Notre vie vaut ce qu'elle nous a coûté d'efforts.
Le Jeune Homme, François Mauriac

C'est un moyen comme un autre d'entrer dans la vie par un vagin.
Sexus, Henry Miller

Il vaut mieux rêver sa vie que la vivre, encore que la vivre, ce soit encore la rêver.   *A la recherche du temps perdu*, Marcel Proust

La vie n'est qu'une grande réclamation, qu'il n'est pas commode d'apaiser.   *Boulevard Durand*, Armand Salacrou

Une vie, c'est fait avec l'avenir, comme les corps sont faits avec le vide.   *L'Âge de raison*, Jean-Paul Sartre

La vie : bien agiter avant de s'en servir !
Frère don Juan, Miguel de Unamuno

La vie est à monter et non pas à descendre.
La Multiple Splendeur, Émile Verhaeren

VIEILLARD

Lorsque j'étais jeune, je me demandais souvent comment certains vieillards, que je croyais impotents, pouvaient accepter ce semblant de vie. Maintenant j'ai compris. Je compte comme eux en petites joies. Je dévorais la vie, sans la mâcher, maintenant je la déguste.   *Un homme comme les autres*, Georges Simenon

VIEILLESSE

La vieillesse est un naufrage.
Mémoires de guerre, Charles de Gaulle

La vieillesse, c'est comme un avion volant dans la tempête. Une fois que vous êtes dedans, il n'y a plus rien à faire.   Golda Meir

Tant de dernières fois qui s'accumulent petit à petit et qui, en réalité, constituent la vieillesse.
Un homme comme les autres, Georges Simenon

La vieillesse est la seule maladie dont on n'attend pas la guérison.
Citizen Kane, Orson Welles

VIEILLIR

Vieillir, c'est passer de la passion à la compassion.

Albert Camus

La grande tristesse actuelle est que les choses n'ont plus le temps de vieillir. *Rendez-vous avec moi-même*, Francis Carco

Comment savoir tout, sans vieillir ?

Le Cocu magnifique, Fernand Crommelynck

Vieillir, c'est une occupation de tous les instants.

Journal, Paul Léautaud

Je dois vieillir, car maintenant je suis plus intéressé par la nourriture que je mange que par la serveuse qui me la sert.

John Steinbeck

VIERGE

Je dois épouser une vierge. Je ne supporte pas la critique.

Out of Africa, Karen Blixen

VILLE

Comme remède à la vie en société, je suggère les grandes villes. C'est le seul désert à notre portée. Albert Camus

C'est au cœur des villes qu'on écrit les choses les plus inspirées sur la campagne. Jules Renard

VIOLENCE

Il y a des moments où la violence est la seule façon d'assurer la justice sociale. *Meurtre dans la cathédrale*, T.S. Eliot

VISAGE

Le visage humain fut toujours mon grand paysage.

En pays connu, Colette

VIVRE

Vivre, c'était vieillir, rien de plus. *L'Invitée*, Simone de Beauvoir

Vivre, c'est faire vivre l'absurde.

Le Mythe de Sisyphe, Albert Camus

Tout a été pensé, excepté comment vivre. Jean-Paul Sartre

VOLONTÉ

Il faut que la volonté imagine trop, pour réaliser assez.

L'Air et les Songes, Gaston Bachelard

C'est une des marques de notre époque qu'il n'y ait plus que les coquins qui aient de la volonté. *Pensées*, Alfred Capus

VOLUPTÉ

La volupté excessive agrandit le cœur, le dévaste et l'oblige à la dureté. *L'Alleluia de Dianus*, Georges Bataille

Il n'est de volupté que furtive.

L'amour c'est beaucoup plus que l'amour, Jacques Chardonne

VOIR

Baisse un peu l'abat-jour,
C'est dans l'ombre que les cœurs se causent,
Et l'on voit beaucoup mieux les yeux,
Quand on voit un peu moins les choses.

Toi et moi, Paul Géraldy

Ce qu'on ne voit pas, on peut l'ignorer.

La Puissance et la Gloire, Graham Greene

VOYAGE

Voyager, c'est bien utile, ça fait travailler l'imagination. Tout le reste n'est que déception et fatigue. Notre voyage à nous est entièrement imaginaire. Voilà sa force.

Voyage au bout de la nuit, Louis-Ferdinand Céline

La perception commence au changement de sensation ; d'où la nécessité du voyage. *Paludes*, André Gide

J'ai peine à croire à l'innocence des êtres qui voyagent seuls.

Journal, François Mauriac

Les voyages sont amers et vains. Je fixerai ma vie comme on attache une bête à son pieu. *Journal*, Charles-Ferdinand Ramuz

VRAI

Rien n'est vrai que ce qu'on ne dit pas. *Antigone*, Jean Anouilh

Ce qui compte, c'est d'être vrai, et alors tout s'y inscrit, l'humanité et la simplicité. *L'Envers et l'Endroit*, Albert Camus

Y-Z

YEUX

Si l'homme ne fermait pas souverainement les yeux, il finirait par ne plus voir ce qui vaut d'être regardé.

Fureur et mystère, René Char

Je voudrais regarder la France au fond des yeux.

Proclamation à Chamalières, 1974, V. Giscard d'Estaing

Les yeux sont les miroirs du corps, ils en disent plus long sur l'état de nos viscères que sur celui de notre âme ou de notre esprit.

Le Livre de mon bord, Pierre Reverdy

ZEUS

Zeus, le maître des dieux, vous fait dire que ceux qui ne voient que l'amour dans le monde sont aussi bêtes que ceux qui ne le voient pas. *La guerre de Troie n'aura pas lieu*, Jean Giraudoux

ZONE

La zone, cette espèce de village qui n'arrive jamais à se dégager de la boue. *Voyage au bout de la nuit*, Louis-Ferdinand Céline

INDEX

189

Achevé d'imprimer en février 1992
sur les presses d'Elsnerdruck. Allemagne
Dépôt légal : mars 1992
Photocomposition : ΓΓΟ 09100 Dole